ADEILSON SALLES

A.N.J.O.S.

E SUAS AVENTURAS

AVENTURA 1

ALUNO NOVO

**"TODOS OS DIAS QUANDO ACORDO,
NÃO TENHO MAIS O TEMPO QUE PASSOU,
MAS TENHO MUITO TEMPO,
TEMOS TODO O TEMPO DO MUNDO..."**

RENATO RUSSO

Segunda semana de aula, segundo semestre...

Desde o começo do ano, quando ele veio transferido de outra escola, a imagem do garoto não saía da cabeça dela.

Não foi difícil ele se popularizar na escola. Os conhecimentos em informática, mais sua capacidade criativa fizeram com que os professores também o respeitassem. Inteligente, falava bem, logo foi eleito o representante da classe no grêmio estudantil.

Engraçado, Jéssica podia jurar que já o conhecia de algum lugar.

Sentia aquela estranha sensação sempre que o via, o sentimento de conhecer a pessoa sem lembrar-se de onde. Com relação àquele garoto, isso lhe ocorria com certa frequência.

Um sentimento forte, intenso, explodia dentro dela, e só existia uma certeza: "Ela conhecia aquele garoto".

Desde o começo do ano letivo, chamou a atenção dela e das amigas.

É lógico que os meninos da classe também ficaram observando o novato. E em breve tempo, o garoto com nome de filósofo liderava a turma.

O sinal de início da primeira aula toca e ele continua sendo o centro das atenções de Jéssica.

Parou na porta de entrada da classe, olhou para todos os lados procurando uma carteira vazia. Na classe ninguém guardava lugar certo.

Automaticamente ela olha em volta para encontrar um lugar para ele.

O coração de Jéssica bate mais rápido quando percebe que a única carteira vazia era a que estava ao seu lado. Coração desobediente o dela, batia forte pra quem ele queria, sem ao menos pedir licença.

Nina, sua melhor amiga, percebendo a inquietação, olha para ela e pisca maliciosamente.

Sócrates caminhou em direção à carteira ao lado dela. Eles já tinham se falado algumas vezes, trocado alguns olhares, mas nunca fizeram nenhum trabalho em grupo.

Antes de ele sentar, os olhares se cruzam. Jéssica fica paralisada.

Ele sorriu...

Ela tremeu...

Ele disse: – Oi!

Ela não conseguiu responder.

Ficou fora de órbita, ele era muito lindo!

A surpresa aumentou quando ele, inesperadamente, aproximou-se e beijou-a no rosto dizendo:

– Oi, Jéssica, tudo bem?

Ela pensou: "Quem ele pensa que é pra me beijar assim, sem pedir licença? Mas bem que esse beijo podia ter demorado mais".

E, quase num sussurro, respondeu:

– Oi... Sócrates!

O mais estranho daquele encontro foi algo que ela sentiu, ou viu, não sabia explicar. No momento em que ele beijou seu rosto, estranha sensação lhe invadiu o ser, parecia ter passado um filme dentro da sua cabeça.

Um filme em que os dois eram os personagens, mas um filme estranho, tinham corpos diferentes, parecia outra época.

Tinha certeza de que eram os dois. Ficou confusa demais. Do mesmo jeito que a imagem surgiu em sua mente, desapareceu quase que instantaneamente.

Já havia sentido sensações semelhantes em outras ocasiões, não muitas. Uma vez, passando férias em Santos, foi convidada a conhecer a pinacoteca Benedicto Calixto. Nunca tinha estado lá antes.

Que estranha emoção sentiu ao tocar alguns objetos daquele ambiente. Nos primeiros dias do fato, procurou explicações para aqueles estranhos fenômenos. Mas deixou para lá. Por um tempo, nunca mais voltou a sentir tais coisas. Pelo menos até o instante em que encontrou aquele garoto.

Uma vez também, no MASP, onde ela viu um homem estranho em uma exposição. Mas a sensação com o aluno com nome de filósofo era marcante.

Por alguns segundos que pareceram horas, Jéssica permaneceu mergulhada nos próprios pensamentos. Voltou à realidade quando sua amiga, Nina, se aproximou. Segurando em seu braço, disse:

— Oi, Sócrates... Oi, Jéssica!

Ele se antecipou e beijou-a no rosto:

— Oi, Nina, tudo certo?

— Tudo! Atrapalho vocês?

Ficou sem resposta.

Nina cutucou Jéssica com o cotovelo. Trazendo-a de volta à realidade, quebrou o encantamento que havia tomado conta dela.

Foram interrompidos pela entrada do professor. Todos sentaram-se para o início da aula.

Era aula dupla. Minutos depois, por mais que Jéssica tentasse, não conseguia se concentrar nas mitocôndrias e citoplasmas de que tanto o professor falava.

Ela sempre foi boa aluna, a galera de classe costumava lhe pedir ajuda, principalmente em matemática e química.

Mas naquele dia ficara alheia, era tudo muito estranho, nunca havia sentido nada igual em seu coração. Aquele beijo no rosto tinha mexido com ela.

Depois de conviver um semestre inteiro admirando aquele garoto, um simples beijo no rosto deixou-a balançada.

A aula se arrastava para ela, células, citoplasmas e núcleos, nada a interessava.

Os ponteiros do relógio caminhavam tediosamente, finalmente a aula dupla de biologia chegou ao fim.

No momento em que o sinal de término de aula toca, o pessoal costuma sair de suas carteiras se espalhando pela classe. Uns trocam a cadeira pela carteira sentando-se descontraidamente. Até que o professor da próxima aula entre na classe, ainda rolam uns cinco minutos de papo. Normalmente nos intervalos de aula, Jéssica senta sobre a carteira da Nina e elas ficam conversando. Mas aquele garoto a inibia, ela ficou em seu lugar, esperando pela aula de química da professora Alice.

A professora Alice era uma pessoa muito legal, do bem mesmo, muito amiga de todos. Quando tinham qualquer problema, os alunos a procuravam, pois ela era muito acessível e presente na vida dos alunos.

As meninas e os meninos a buscavam mesmo fora da escola; ela sempre tinha palavras certas nos maus momentos. Quando a barra pesava com os pais, namorados ou outra situação qualquer, ela estava lá com as mãos estendidas e os ouvidos preparados para escutar todo mundo.

Nas vezes em que Jéssica conversou com Alice, a professora lhe disse que ela tinha dezesseis anos de corpo, mas uma mente milenar. Alice sempre tinha grandes papos, Jéssica compreendeu menos ainda o que sentiu quando aquele garoto com nome de filósofo se aproximou dela e a beijou.

Ele não lhe era estranho, ela tinha certeza de que já o conhecia de algum lugar. Mas de onde?

—Vamos usar a tabela periódica! – avisou a professora.

Ela ouviu a voz de Alice bem ao seu lado.

– E então, Jéssica? Vai voltar para o planeta Terra?

Nina, que sorria com a situação desconcertante em que a amiga se encontrava, disse:

– Não é nada não, professora, ela só estava filosofando mentalmente!

Desconcertada, Jéssica fuzilou Nina com o olhar enquanto a classe toda ria.

Ela disfarçou e olhou para o lado; lá estava ele, o "filósofo", mexendo com o coração e a mente dela.

Sem jeito, pegou a tabela periódica e tentou fazer os exercícios de química, mas, por mais que tentasse, nada de massa atômica. "Aquele garoto provocou uma grande reação química em meu coração". Pensava olhando para ele.

A aula demorou, mas o sinal do intervalo tocou e Nina foi falar com a amiga:

— Cuidado. — disse com jeito engraçado. —Tá dando na vista!

— O que tá dando na vista?

— Sua paixão socrática! Desde o começo do ano, você não tira os olhos do garoto.

— Nina!!! — disse entre os dentes. — Para com isso!

Ele se aproximou das duas tentando conversar.

— Sempre fui fraquinho em química... No primeiro semestre fiquei a perigo nessa matéria.

— Relaxa! Com a professora Alice, todo mundo aprende. — respondeu Nina.

Nesse momento se aproximam Alemão e Otelo.

— E aí, galera? — cumprimentou Alemão beijando as duas amigas.

— E aí, geral? — saudou Otelo fazendo o mesmo.

— Aonde iremos nos reunir hoje à tarde para fazer o trabalho de física? — perguntou Otelo para as meninas.

— Na minha casa não dá! — afirmou Nina.

Todos estranharam as palavras de Nina, pois ela sempre se esquivava de levar os amigos à casa dela. Quando se falava em trabalho em grupo, Nina era a primeira a se esquivar.

— Podemos fazer na minha casa, pessoal! — ofereceu Alemão.

— A gente tem que fazer o trabalho de qualquer jeito, então que seja logo. Por mim tudo bem, podemos fazer na sua casa, Alemão. — afirmou Jéssica.

Todos concordaram.

— E então, Sócrates, já tem grupo para o trabalho de física? — quis saber Nina.

— Não tenho não!

— Agora você já tem! Participe do nosso. Se quiser, é lógico! — convidou Otelo.

— Com certeza eu aceito, vai ser uma força para mim. Semestre passado fiquei no grupo do Leonardo, tava a fim de mudar de grupo. Sabe como é, não rolou uma afinidade legal.

– Essas coisas são assim mesmo. Estamos combinados, às 3 da tarde na casa do Alemão. Você sabe onde é? – indagou Otelo.

– Me dá uma dica!

– Fica perto da biblioteca municipal, ali na Rua Duque de Caxias, 182...

– Ah...! Já sei onde é, pode deixar!

– Combinado, às 3 horas a gente se vê!

– Pessoal, o Otelo vai estrear uma peça teatral, vocês sabiam? – avisou Alemão.

– Nossa! Que máximo! – admirou-se Jéssica.

– Qual o título? – perguntou Jéssica.

– É uma peça teatral infantojuvenil premiadíssima, da grande dramaturga Maria Clara Machado, chama-se "Pluft, o Fantasminha". – explicou Otelo.

– E quando vai ser a estreia? – indagou Sócrates.

– Ainda não temos data, mas será em breve, estamos ensaiando, aviso vocês para a estreia. Mas tem gente escondendo as coisas também.

– Quem? – interessou-se Alemão.

– Tem certa garota que vai participar do campeonato paulista de *taekwondo*. Vocês sabiam? – revelou Otelo, apontando para Nina.

– Uau! – exclamou Jéssica admirada. – Ia esconder isso da gente até quando, Nina?

Encabulada, Nina respondeu sem jeito:

– Fiquei com vergonha...

– Quero prestigiar você nesse torneio. – afirmou Sócrates.

Todos disseram a mesma coisa. As brincadeiras continuaram por alguns minutos até que...

Otelo, atento aos olhares que Jéssica endereçava a Sócrates, deu tchau pra turma e saiu cantando:

– "Quem um dia irá dizer que não existe razão..."[1]

Todos se entreolharam e riram.

Jéssica beliscou Nina e saiu pisando duro, puxando a amiga pelo braço.

---

1. Legião Urbana – Eduardo e Mônica

OS ANJOS

Mais tarde...

Sócrates e Otelo chegam juntos ao portão da casa do Alemão e se cumprimentam:

— E então, Sócrates, foi difícil acertar o endereço?

— Foi tranquilo, sua dica facilitou a localização.

— De manhã, lá na escola, vocês brincaram comigo por causa do teatro e com a Nina, pelo torneio de *taekwondo*, mas nos esquecemos de falar do Alemão.

— Ouvi dizer que ele é fera no judô, é verdade?

— É sim, Sócrates, o Alemão é um cara discreto, mas em pouco tempo irá participar das seletivas para os próximos jogos Pan-Americanos.

— Muito bom! Esse grupo bem que poderia partir para alguns projetos maiores.

— Como assim?

— Nada demais, só pensei alto!

— Que papo é esse, Sócrates?

— Nada não, logo a gente fala sobre uma ideia que eu quero pôr em prática há muito tempo. Quem sabe não chegou a hora?

—Tudo bem! No momento certo você fala.

Otelo toca a campainha e o Alemão vem recebê-los sorridente.

—Vamos entrando, a Jéssica e a Nina já chegaram!

— Ok! Vamos lá! — Sócrates responde enquanto Otelo concorda meneando a cabeça.

Eles entram e, por uma escada estreita, sobem até um cômodo na parte superior da casa.

– Nossa! Que lugar legal esse aqui! – admirou-se Sócrates.

– É um sótão, aqui ninguém incomoda. – afirmou Alemão sorrindo.

– Quem olha lá da rua nem imagina esse sótão. – completou Otelo.

As meninas recebem os recém-chegados com beijos no rosto.

Jéssica, mais uma vez, sente em seu coração a forte impressão de conhecer Sócrates de outra época.

– Pessoal, vamos dividir as tarefas? – indaga Jéssica.

– Por mim tudo bem. – concorda Nina dando de ombros.

Os outros aceitam balançando a cabeça.

Jéssica assume a liderança e relata o trabalho a ser feito:

– O prof. Aurélio, de física, pediu para pesquisarmos sobre o MRU – Movimento Retilíneo Uniforme – nas situações do dia a dia, na nossa rotina de vida.

Sócrates coçou a cabeça dizendo:

– Puxa! Esse assunto é muito maçante!

– É nada, vamos dividir as tarefas e tudo fica fácil! – alertou Alemão.

– Como vai se chamar o nosso grupo? – questiona Otelo de mão no queixo.

– *The Wizard's?* – sugeriu Nina rindo.

– Que nada, nome em inglês não tá com nada. – resmungou Otelo.

Contrafeita pela opinião do amigo, Nina provocou:

– Esse pessoal Tupiniquim não quer sair da tribo mesmo!

– Olha só quem tá falando, pessoal! Ela quer americanizar nosso grupo. – Alemão desdenhou.

– Não é isso, só quero um nome diferente... Vamos criar algo legal.

Quem sabe a gente possa criar um grupo não apenas para os trabalhos da escola.

Sócrates, que ouvia tudo até então, sugeriu:

– Vou anotar o nome de cada um no papel e suas sugestões. Aí a gente vota, vamos lá... Alemão, qual vai ser o nome do grupo?

– Os *Nerds*...

– Olha o outro querendo americanizar também... – resmungou Otelo. – Nome em inglês não vale.

– Então não sei o que dizer... – reclamou Alemão.

– E você, Otelo? O que sugere? – provocou Nina.

– "Os Karas", que tal? Li esse nome num livro do escritor Pedro Bandeira!

– Assim não vale, "Os Karas" é uma série de livros para adolescentes, não gostei da sugestão. – emburrou Jéssica.

Com nomes listados na vertical, no papel em que anotava, Sócrates observou:

A.lemão

N.ina.

J.éssica

O.telo.

S.ócrates

–Vejam que interessante! Nosso grupo pode se chamar A.N.J.O.S.!

– Como assim? A.N.J.O.S.? – questionou Otelo.

– Alemão, Nina, Jéssica, Otelo e Sócrates. O que vocês acham? As iniciais dos nossos nomes formam a palavra ANJOS.

– Nossa!!! É linda a sua sugestão! – concordou Jéssica.

– Sócrates, sua dica é muito legal! – afirmou Alemão e prosseguiu. – Podemos manter esse nome em todos os trabalhos daqui pra frente, em todos os trabalhos em grupo, certamente.

– Isso mesmo! A.N.J.O.S.!!! Muito bom! – concordou Nina esquecendo sua sugestão americanizada.

Todos riram e, puxados por Jéssica, colocaram a mão direita uma sobre as outras, e, contando até 3, gritaram:

– A.N.J.O.S.!!!

– Poderíamos manter esse grupo para outras atividades, o que vocês acham?

– Que atividades, Sócrates? – questionou Jéssica.

– Ajudar outros jovens em situações de risco, por exemplo!

– Opa! Isso está começando a me interessar! – afirmou Alemão puxando uma cadeira próxima, sentando-se ao contrário e colocando o peito no encosto.

– Explique isso melhor, Sócrates! – pediu Nina.

– Acho que um grupo como esse não está junto apenas pra estudar. Podemos unir nossas forças pra ajudar outros adolescentes em situação de risco.

Todos aqui reúnem características interessantes para formação de um grupo juvenil secreto.

– Que tipo de situação de risco??? – perguntou Otelo de mão no queixo.

– Tipo drogas e outras coisas mais. Existem amigos nossos que estão entrando numa roubada, por problemas que os A.N.J.O.S. poderiam ajudar a resolver. Ou pelo menos tentar ajudar na solução.

– E como faríamos isso? É arriscado! – afirmou Nina.

– Agiríamos secretamente, a identidade do nosso grupo não pode ser revelada. – enfatizou Sócrates.

– Que massa!!! – alegrou-se Alemão.

– Se decidirmos agir dessa forma, podemos correr muitos riscos... – enfatizou Otelo.

– É por isso que nossa identidade não pode ser revelada. O segredo de quem são os A.N.J.O.S. é a garantia da nossa segurança! Eu sonhava em criar um grupo assim há muito tempo, mas não sentia confiança na outra turma. Sinto que posso contar com vocês. Muitos jovens estão se perdendo sem direção. Acho que ser do bem é um grande barato. Os A.N.J.O.S. devem ser um grupo juvenil de apoio aos jovens.

– Apoiado, Sócrates... Apoiado... – emocionou-se Otelo.

– Precisamos criar um código secreto, uma maneira de nos comunicarmos se surgir algum momento de perigo. Uma linguagem só nossa! – afirmou Jéssica sem tirar os olhos de Sócrates.

– Uma perguntinha... – Nina pede para falar.

– O que foi, Nina? – quis saber Otelo.

– Quem vai ser o líder?

Todos olharam para Sócrates ao mesmo tempo.

– Acho que ninguém tem dúvidas sobre isso. – avisou Otelo sorrindo.

– Posso ser o líder, mas não devo decidir tudo sozinho. Eu decido apenas nos momentos de emergência, quando não houver possibilidade de ouvir todos os A.N.J.O.S.... Quando estivermos reunidos, votaremos em conjunto as decisões.

– E se empatar? Afinal somos quatro mais você, seu voto como líder decide? – quis saber Alemão.

– Se empatar ouviremos o argumento das meninas pra decidir. As mulheres são mais ponderadas e intuitivas que os homens. Meu voto será dado após ouvir os argumentos delas. – disse Sócrates sorrindo.

– Não concordo! – bradou Otelo. – Elas vão decidir?

– É sempre bom ouvir a sabedoria feminina. Depois de ouvi-las, votamos novamente. O que vocês acham?

– Eu concordo! – afirmou Alemão.

–Tudo bem, vai! As mulheres primeiro... – aceitou Otelo sorrindo.

– Então, tá decidido...

– E o código secreto, Sócrates? Como vai ser? – Jéssica indaga de olhos fixos nos olhos dele.

– Podemos usar números que correspondam às letras. – ele disse de olhos fixos nos olhos delas.

– Como assim, Sócrates? Explique pra gente como isso funciona! – indaga Nina.

Sócrates pega um pedaço de papel e escreve:

– 1A, 2B, 3C, 4D, 5E, 6F, 7G, 8H, 9I, 10J, 11K, 12L, 13M, 14N, 15O, 16P, 17Q, 18R, 19S, 20T, 21U, 22V, 23W, 24X, 25Y, 26Z. Quando precisarmos nos reunir secretamente e recebermos essa combinação numérica como aviso, – 1-14-10-15-19 –, é nossa senha secreta, reunião urgente. Os números devem ser sublinhados a cada palavra.

– 1-14-10-15-19 é a palavra A.N.J.O.S.? – pergunta Otelo coçando o queixo.

– Isso mesmo, Otelo! Esses números indicam que devemos nos reunir o mais rápido possível. – alertou Sócrates.

– Mas é bem difícil guardar esse código. Que chato! – reclamou Nina.

Sorrindo, Sócrates avisou:

– Nina, precisamos criar o mínimo de dificuldades, caso contrário, qualquer pessoa pode descobrir o nosso código e dificultar a nossa comunicação em situações de risco. Basta contar as letras do alfabeto, cada uma tem seu número específico. Entendeu?

–Tem razão! – Nina concordou sem graça.

– Precisamos apenas associar o alfabeto aos números. Assim que fizermos isso, tudo fica fácil. – avaliou Alemão.

– Todos concordam? – indagou Sócrates.

Unanimemente todos balançaram a cabeça positivamente.

– A segurança de todos depende da lealdade de cada um. – sentenciou Jéssica.

– Só mais uma pergunta... – interveio Nina. – Onde iremos nos reunir nas emergências?

– Alguma sugestão? – Sócrates indagou olhando pra todos.

– Podemos nos reunir aqui mesmo, nesse sótão. – sugeriu Alemão.

– Mas, e se as reuniões acontecerem em horários variados, tipo de madrugada? E a sua mãe? – questionou Otelo.

– Minha mãe não vem a esse sótão. É possível que venha aqui hoje nos trazer um lanchinho, mas esse canto é meu desde a morte do meu pai; eu e ela temos um acordo. E mais uma coisa, vejam isso. – Alemão abre um enorme baú que estava no canto do quarto e todos se surpreendem. O baú tinha fundo falso, dentro dele havia uma escada de corda que, quando estendida, descia até o quintal. Podia-se entrar no sótão a qualquer hora sem passar pelo interior da casa. Quando a corda estava recolhida dentro do baú com a tampa fechada, ninguém suspeitava de que ali existisse uma entrada secreta.

– Quem bolou isso, Alemão? – perguntou Jéssica.

– Foi o meu velho que criou esse mecanismo antes de morrer. Fez pra brincar comigo, mas ele morreu quando eu tinha apenas um ano de idade. Ele sabia que toda criança adora histórias de passagens secretas e essas coisas. Quando quero pensar nele, venho pra cá, meu coração fica feliz aqui. Lá embaixo, próximo ao muro, tem uma alavanca escondida atrás da roseira. Basta acionar que a escada de corda cai, aí fica fácil, é só subir até o sótão. Quando marcarmos reunião, quem chegar primeiro pode subir para o sótão.

– Perfeito! – sorriu Sócrates. – Todos concordam?

– Sim! – disseram numa única voz.

– Então esse sótão fica sendo o nosso ponto de encontro, a toca dos A.N.J.O.S., aqui tomaremos decisões. Tenho certeza de que não vai demorar muito para aparecer o primeiro jovem precisando de ajuda. – posicionando a mão direita espalmada em cima da mesa onde escrevera minutos antes, Sócrates foi dizendo os nomes e todos foram colocando a mão direita sobre a dele. – Alemão, Nina, Jéssica, Otelo, Sócrates.

Ao final, todos disseram em uma só voz:

– A.N.J.O.S.!

–Vamos fazer o trabalho de física? – Jéssica indagou e começou a dividir as atividades. – Alemão e Otelo pesquisam material na internet. Eu, Sócrates e Nina vamos pesquisar nos livros.

Felizes e conscientes do que iriam fazer daquele momento em diante, todos concordaram iniciando as atividades escolares.

Enquanto as tarefas iniciavam, Otelo cantarolava:

"Meu amor, disciplina é liberdade
Compaixão é fortaleza
Ter bondade é ter coragem
Lá em casa tem um poço
Mas a água é muito limpa..."

(Há tempos – Legião Urbana)

A.N.J.O.S.

Grupo Juvenil de Apoio aos Jovens

A.lemão

Nome: Anderson Lima de Almeida

Idade: 16 anos

Estudante do Colégio Monteiro Lobato

Esporte: Natação e Judô

Hobby: Ler e ouvir música

Habilidade natural: Capacidade incomum para imitar vozes humanas

Habilidade desenvolvida: Mergulho sem equipamento

N.ina

Nome: Eliana Martins Donato

Idade: 17 anos

Estudante do Colégio Monteiro Lobato

Esporte: Taekwondo

Hobby: Ler, tocar flauta e ouvir música

Habilidade natural: Agilidade e frieza

Habilidade desenvolvida: Artesanato

J.éssica

Nome: Jéssica Heráclito Fortuna

Idade: 16 anos

Estudante do Colégio Monteiro Lobato

Esporte: Vôlei

Hobby: Ler, ouvir música, passear

Habilidade natural: Psicometria – capacidade sensorial segundo a qual o sensitivo, posto em contato com objetos, pessoas ou lugares relacionados a acontecimentos passados, sintoniza-se de tal maneira com o clima psicológico em que esses acontecimentos ocorreram, que se torna capaz de descrevê-los com assombrosa precisão.

Habilidade desenvolvida: Fala inglês e espanhol

O.telo

Nome: Luiz Otelo Prado

Idade: 17 anos

Estudante do Colégio Monteiro Lobato

Esporte: Ciclismo e capoeira

Hobby: Ouvir Legião Urbana, fazer teatro, ler, tocar violão

Habilidade natural: Grande capacidade para dramatizar

Habilidade desenvolvida: Versatilidade em disfarces

S.ócrates

Nome: Sócrates Praxedes Altamirando

Estudante do Colégio Monteiro Lobato

Esporte: Tênis de mesa e Basquete

Hobby: Ler, ouvir música

Habilidade desenvolvida: Grande domínio de Informática

O AMOR

— Acho que o trabalho ficou bom. — afirmou Jéssica.

—Também acho! — concordou Nina.

— Com licença, meninos e meninas!

— Pode entrar, mãe! — avisa Alemão.

Dona Rita entra no sótão trazendo uma bandeja com suco de abacaxi e biscoitos para um lanche.

— Obrigado, dona Rita! — agradece Otelo já avançando nos biscoitos.

— Já terminaram o trabalho?

— Já, mãe, terminamos sim!

— Vou deixar a bandeja aqui, fiquem à vontade para comer e tomar o suco.

— Obrigado, dona Rita! — agradeceu Sócrates, servindo um copo para Jéssica.

— Obrigada, Sócrates! — agradeceu sem tirar os olhos dele.

— Nossa, Alemão! Sua mãe é muito bonita! — admirou-se Nina.

— É bonita mesmo. — concordou Sócrates.

— Obrigado! Todo mundo que a conhece elogia a beleza dela.

— Faz muito tempo que seu pai morreu? — indagou Otelo.

— Faz quinze anos. Foi um golpe duro pra gente, principalmente... pra ela.

—Vamos parar de falar sobre coisas tristes? — convidou Jéssica.

—Tá certo, Jéssica! Mas não me importo de falar sobre meu pai. Tenho muito orgulho dele.

— Pessoal, tá na minha hora, preciso ir, ainda vou pra academia treinar! — avisou Nina bebendo todo o copo de suco de uma única vez.

— Espere, eu vou com você! — disse Jéssica.

– Já vai? Que pena! – lamentou Sócrates.

– Pena por quê? – interessou-se Nina.

– Eu ia convidar a Jéssica pra ir comigo, queria passar pela biblioteca municipal para pegar uns livros que estou precisando.

– Ela vai, sim! – Nina cutucou a amiga.

– Quem vai embora sou eu, valeu galera! Tenho aula de capoeira daqui a pouco! Té mais... – despediu-se Otelo cantarolando enquanto olhava para o casal Sócrates e Jéssica:

"Ela passou do meu lado
Oi, amor – eu lhe falei
Você está tão sozinha
Ela então sorriu pra mim

Foi assim que a conheci
Naquele dia junto ao mar
As ondas vinham beijar a praia
O sol brilhava de tanta emoção

Um rosto lindo como o verão
E um beijo aconteceu"

(Hoje a noite não tem luar - Legião Urbana)

– Chega de brincadeira, Otelo! Para com isso! – Jéssica ralhou com o amigo.

Entrando no clima da brincadeira, Alemão usou o código dos A.N.J.O.S. para provocar Jéssica. Escreveu os números, em tamanho grande, em uma folha de papel e mostrou pra turma toda.

– O amor não é lindo? Vejam 9-12-15-22-5-25-15-21.

– O quê? *I love you?* Se fosse comigo eu não admitiria... – sorrindo, Otelo foi saindo.

Jéssica estava ruborizada.

Sócrates sorria discretamente.

– Acho que está na hora de ir, vamos, Jéssica?

–Vamos sim, Sócrates, o ambiente está ficando desagradável. – disse isso rindo das brincadeiras.

Alemão ainda ficou conversando com a Nina enquanto os outros A.N.J.O.S. foram embora.

Na rua, Sócrates e Jéssica resolveram caminhar até a biblioteca, que não era muito longe dali.

Durante alguns minutos, os dois caminharam lado a lado sem trocar uma palavra.

Chegando a uma praça próxima, sentaram-se em um banco.

Sócrates começou a cantar a música cuja letra ambos conheciam. A mesma que Otelo cantou para mexer com Jéssica minutos atrás. Sócrates cantou sozinho apenas a primeira estrofe. Mergulhados um nos olhos do outro, ela também começou a cantar e ambos cantaram juntos "Hoje a noite não tem luar".

"Ela passou do meu lado
Oi, amor - eu lhe falei
Você está tão sozinha
Ela então sorriu pra mim

Foi assim que a conheci
Naquele dia junto ao mar
As ondas vinham beijar a praia
O sol brilhava de tanta emoção
Um rosto lindo como o verão
E um beijo aconteceu

Nos encontramos à noite
Passeamos por aí
E num lugar escondido
Outro beijo eu lhe pedi

Lua de prata no céu
O brilho das estrelas no chão
Tenho certeza que não sonhava
A noite linda continuava
E a voz tão doce que me falava
O mundo pertence a nós

E hoje a noite não tem luar
E eu estou sem ela
Já não sei onde procurar
Onde está meu amor?"

Ao final da música, permaneceram se olhando, magnetizados, em silêncio, olhos parados, coração aos pulos.

Delicadamente, Sócrates tocou o rosto dela, a ternura do momento era o toque de vida dado pelo amor a transbordar daqueles corações juvenis. Os lábios foram se aproximando, como se guardados estivessem até então, um à espera do outro. Encaixaram-se romanticamente, tocaram-se com tal delicadeza que o beijo se fez poesia. A rima mais perfeita do amor, a batida de dois corações no mesmo compasso: apaixonados.

Durante o beijo, Jéssica mentalmente se viu beijando Sócrates em outra época, era ele mesmo, mas os corpos eram outros, com outra idade. Um turbilhão de pensamentos arrebatou-a pra longe dali.

Após o beijo, respiração ofegante de ambos, as ideias voltaram a se coordenar.

— Não sei explicar, mas já vivemos isso antes!

— Fico confuso... não entendo isso... sinto que é algo forte dentro de mim, mas não tenho essa certeza que você tem!

— Quando vi você na classe pela primeira vez, fechei meus olhos e pude ver algumas imagens. Fiquei confusa, atordoada... mas agora durante o beijo, as cenas se repetiram em minha mente. Vi-me beijando você em outra época... Tenho certeza disso.

— É estranho o que você diz, você sabe me explicar o que é?

— Já conversei com a professora Alice sobre essas imagens que vejo. Ano passado, fomos levados pela professora de artes pra ver a exposição do conhecido escultor francês, Auguste Rodin, no MASP, em São Paulo. Você não imagina o que aconteceu.

— Estou curioso pra entender esse assunto, o que houve?

— Caminhávamos por entre as obras, quando comecei a sentir algumas coisas estranhas. Vi um homem ao lado das esculturas, a figura dele me chamou atenção pelo fato de as roupas que ele usava serem bem diferentes das que se usam hoje em dia. Sem contar que ele tinha algumas ferramentas nas mãos, vi aquele homem bater com as ferramentas em uma escultura. Percebi que ninguém enxergava o que eu via, no mesmo momento corri pra rua. Nina veio atrás, tentei me explicar, mas ninguém acreditou no que eu disse.

— O que foi que a professora Alice falou a respeito?

– Pelo menos ela não riu de mim, disse que fatos assim podem acontecer com algumas pessoas...

– Como assim?

– Pessoas com determinadas características sensoriais...

– Tipo?

– Médiuns de psicometria...

– Nossa! Médiuns? Não sei nada sobre isso...

– Pesquisei muita coisa na internet, esses fatos ocorrem mesmo. Na *net* tem muita coisa relatada. A professora Alice me disse que esse tipo de sensibilidade pode fazer com que o sensitivo veja ou sinta cenas e situações ligadas a determinados objetos, pessoas ou lugares. É como se o médium captasse as energias que impregnam o objeto, a energia das pessoas que tiveram contato com esse objeto, entendeu?

– É uma coisa muito louca. Você não tem medo disso?

– Já tive, agora nem ligo mais... fico na minha... Se vejo algo, ou sinto, tento levar numa boa sem olhar como algo sobrenatural. Como outras pessoas no mundo já passaram por isso, não sou uma aberração. Aprendi a lidar com essa sensibilidade, ou qualquer nome que se dê. A professora Alice diz que a gente só tem medo daquilo que não conhece. Ela me aconselhou muito e tirou minhas dúvidas.

– Isso é verdade! A professora parece ser bem legal, mas sempre falei com ela superficialmente.

– E é mesmo! Ela me emprestou alguns livros bem interessantes...

Sócrates a interrompe.

– Preciso me aproximar mais dela.

– Você vai gostar dela, pode apostar! Eu dizia que ela me emprestou alguns livros muito legais sobre esses assuntos paranormais. Depois te empresto, se você quiser, com certeza! Algumas pessoas têm preconceito com esses assuntos.

– Legal, vou gostar de ler, mas na verdade estou gostando mesmo é da aluna sensível da professora Alice!

Ambos riram e voltaram a se beijar.

De mãos dadas, foram para a biblioteca, onde Sócrates pegou alguns livros didáticos emprestados.

A PRIMEIRA MISSÃO

Fazia cinco minutos que a aula de geografia tinha começado e os A.N.J.O.S. estranhavam a ausência do Alemão.

O professor Jorjão falava sobre clima e previsão do tempo, a classe estava ligada no que ele dizia:

— O aquecimento global é provocado pelas agressões do homem à natureza, fazendo com que o clima se torne cada vez mais instável...

— Com licença, professor Jorjão? — Alemão interrompe da porta da sala de aula.

— Acho que o aquecimento global. — afirmou o professor. — Também está afetando o relógio de alguns alunos que andam perdendo a hora da aula.

A classe toda caiu na gargalhada.

— Desculpe, professor Jorjão, é que...

— Não perca tempo gastando seu latim, Sr. Anderson Lima de Almeida, vulgo Alemão... Pode participar da aula, mas não atrapalhe seus colegas, sim? Caso contrário, para o senhor, o clima estará sujeito a chuvas e trovoadas. Entendeu?

— Pode deixar, professor... — E, sem graça, cumprimentou os colegas.

— Com licença. Bom dia, turma!

A aula transcorreu com alegria e bom humor como eram as aulas do professor Jorjão.

Assim que tocou o sinal de encerramento, Alemão passou discretamente pelos colegas e mostrou a palma de sua mão, onde estava escrito o código com caneta vermelha: 1-14-10-15-19.

Todos entenderam que era a senha para a reunião secreta dos A.N.J.O.S., algo tinha acontecido.

Ao final da aula, cada um dos A.N.J.O.S., mantendo o comportamento absolutamente normal e rotineiro de como se fossem para suas casas, saiu da escola com discrição e foi para a toca dos A.N.J.O.S..

Minutos depois...

Aos poucos foram chegando. Os últimos a entrarem no sótão foram Sócrates e Jéssica.

Sócrates visualizou a presença de todos e disse:

— Essa é a nossa primeira reunião como A.N.J.O.S., tenho certeza de que todos sabem da responsabilidade que estamos assumindo; por isso, como líder indicado pelos outros A.N.J.O.S., dou por iniciada essa nossa reunião. Nina?

— Oi, Sócrates, pode falar...

— Por favor, anote todos os pontos importantes que forem relatados pelos A.N.J.O.S....

— Pode deixar, vou anotar tudo.

— E então, Alemão? O que te levou a acionar o nosso código secreto pela primeira vez?

— Ontem, lá pelas 9 da noite, tocaram a campainha de casa, eu tava tomando banho, minha mãe foi até o portão atender. Não demorou muito, bateu na porta do banheiro dizendo que tinha visita na sala me aguardando. Eu perguntei quem era, mas ela achou melhor eu ver com meus próprios olhos. Depois que soube de quem se tratava, achei estranho ela falar daquele jeito da visita, pois sabia que aquela pessoa significava muito pra mim. Terminei meu banho o mais rápido que pude e fui pra sala. Quando cheguei, levei um susto. Era o Andrezinho, meu melhor amigo de infância, ele estava detonado. Fomos praticamente criados juntos, como irmãos mesmo. Por alguns anos, estivemos sempre unidos; depois disso o pai dele, que trabalhava em um banco aqui em São Paulo, foi transferido pra Santos. Ficamos separados e nosso contato foi retomado através de alguns poucos e-mails que trocamos recentemente, quando ele deixou um recado em minha página da internet dizendo que precisava de ajuda.

— Tudo bem, Alemão, continue... — pediu Sócrates.

– O cara tá mal. Está jurado de morte. Ele veio me procurar pedindo ajuda porque se envolveu com uma gangue muito perigosa, que mexe com drogas e outras coisas mais.

– Ele é viciado? – indagou Otelo, que estava calado até então.

– Ele diz que não usa, só vendeu por um tempo, vindo depois a ser homem de confiança dos chefes da gangue... – Alemão falou com tristeza.

– O que podemos fazer? – questionou Jéssica, olhando para Sócrates.

– Onde ele está agora?

– Escondido em um armazém abandonado.

– O que você disse a ele, Alemão?

– Disse que precisava pensar melhor para poder ajudar. É certo que ele não sabe a quem eu iria recorrer.

– Melhor assim, os A.N.J.O.S. devem atuar no anonimato. Só assim podemos ajudar.

– Ele disse o nome da gangue a que pertencia? – quis saber Nina.

– Estava de camisa de manga longa, coisa que estranhei por causa do calor que fazia ontem à noite. Foi aí que descobri o nome da gangue que está atrás dele. A camisa era para esconder a tatuagem no antebraço. Pedi para ver e me assustei com o que descobri. Infelizmente o meu amigo Andrezinho está envolvido com a pior gangue de São Paulo. – fez uma breve pausa.

– Já estou ansioso demais, Alemão. Fale logo! Que gangue é essa? – pediu Otelo.

– Ele tem uma tatuagem de morcego no antebraço. O Andrezinho está tentando escapar da gangue dos "Vampiros".

Breve silêncio se observou no ambiente, como se todos procurassem reorganizar as ideias. Até que foi quebrado por Otelo, que disse:

– Já ouvi falar dessa gangue, eles aliciam jovens para o tráfico de drogas, prostituição e outros tipos de...

– De "vampirização"? – interrompeu Sócrates o raciocínio de Otelo.

– Isso mesmo, Sócrates, a palavra é "vampirização"; você está certo.

– Eles "vampirizam"; ou seja, sugam os jovens através dos vícios? – indagou Jéssica.

– Isso mesmo, Jéssica. Eles estão infiltrados em muitos setores da sociedade. Quem se envolve com essa gangue de vampiros e tenta deixá-la, paga com a vida. Muitos adolescentes são alvos fáceis dessa gangue de vampiros.

– Esse é o medo do Andrezinho! – afirmou Nina.

– Ele sabe demais, é um *HD* ambulante dessa gangue. Chegou mesmo a conviver com o chefe da gangue dos Vampiros.

– E quem é esse chefe, Alemão?

– Ele é conhecido como Corvo. O que vamos fazer para ajudá-lo, Sócrates?

– Estamos diante de pessoas muito inteligentes e organizadas, que se aproveitam de adolescentes pra espalhar essas ideias malucas. Nós sabemos que vampiros sugadores de sangue não existem, mas vampiros que subjugam mentalmente os mais fracos, isso existe de verdade. Chegam mesmo a incutir ideias de eterna juventude pela prática do vampirismo. Coisa de maluco mesmo. Mas tenho certeza de que, por trás dessa indução, estão as drogas.

Todos ouviam com atenção as palavras de Sócrates. E ele continuou:

– Vampiros mentais existem aos montes, estão em todos os lugares, sugam as energias alheias através da influenciação mental perturbadora. Precisamos ajudar o Andrezinho, mas por enquanto a maioria de nós deve ficar no anonimato, até mesmo para a nossa própria segurança.

– Isso mesmo, Sócrates! Se o Andrezinho já está escondido, não corre riscos, pelo menos por enquanto. – alertou Otelo.

– Mas ele está marcado para morrer por essa gangue de vampiros, pois sabe demais. Mesmo que mude de cidade, sempre correrá riscos. – lamentou Alemão.

– Esse é o preço que ele pode pagar por se envolver com essa gangue, infelizmente. – comentou Nina riscando o papel das anotações.

– Temos que observá-lo, afinal, ele apareceu ontem pedindo ajuda. – avisou Jéssica.

– Vocês estão certos! – concordou Sócrates. – O Alemão vai apresentar a Jéssica e o Otelo como amigos de confiança dele para o Andrezinho. Eu e a Nina vamos fazer alguns levantamentos sobre a atuação dessa gangue. – e, virando-se para Otelo, pediu:

– Procure colher o máximo de informação do Andrezinho. Tudo será útil para podermos pensar em um plano. Seria fácil ajudá-lo a ir embora daqui, mas e os outros jovens que podem ser vítimas desses vampiros? Penso que temos um grande problema pela frente...

– Tem certeza de que ele não é viciado? – quis saber Otelo.

– Se for verdade o que me disse, ele apenas traficava. – asseverou Alemão.

– A.N.J.O.S. – Sócrates falou com tom grave na voz. – Não preciso dizer que estaremos envolvidos com tudo isso. A segurança de todos está em jogo. Cada um já sabe o que fazer. Só mais uma coisa: ele não pode ficar nesse armazém, precisamos tirá-lo de lá.

– Podemos trazê-lo pra cá, Sócrates. Aqui na toca dos A.N.J.O.S., ninguém vai descobri-lo. Só fiquei cismado com a minha mãe. Não sei por que ela foi tão hostil com o Andrezinho. Fomos criados juntos, parecia até que éramos irmãos. Por que minha mãe disse que não queria ele aqui em casa? Será que ela sabe de algo?

– Mas você não acha arriscado trazê-lo pra cá? – Otelo perguntou.

– Aqui no sótão minha mãe não vem, pode apostar.

– Se ele vier pra cá, onde os A.N.J.O.S. se reunirão? – questionou Jéssica.

– Não temos como ajudar sem fazer algum sacrifício. Acho que ele estará seguro aqui, o Alemão consegue, com a nossa ajuda, providenciar comida. Ele e o Otelo podem se revezar fazendo companhia. Isso vai nos ajudar a vigiar mais de perto esse garoto e a obter sua confiança. De qualquer maneira, a permanência dele aqui será temporária. Vamos improvisar as reuniões em outros lugares. Vocês concordam?

Todos concordaram com Sócrates.

– Então, A.N.J.O.S.; Vamos às tarefas!

Colocando as mãos umas sobre as outras, os cinco despediram-se dizendo:

– A.N.J.O.S.!!!

A HISTÓRIA DE ANDREZINHO

Por volta das 10 da noite...

Com uma lanterna na mão de cada um, três personagens se aproximam de um armazém.

O foco luminoso das lanternas assusta alguns ratos moradores do local, acostumados com a escuridão.

— Ele me disse que o armazém era esse aqui. — avisa Alemão. — Combinamos que eu jogaria três pequenas pedras naquela grande placa de alumínio pra ele saber que era eu.

— Então, jogue logo essas pedrinhas pra irmos embora daqui. Esse ambiente me dá medo — Jéssica falava olhando para os lados.

— Ela está certa, Alemão, jogue logo as pedrinhas, essa região aqui no centro de São Paulo é muito perigosa.

— Tá certo, Otelo, vou jogar...

Remexendo no bolso, ele pegou três pequenas pedras e arremessou uma de cada vez, em um curto intervalo de tempo.

Ouviu-se uma voz que não se pôde identificar de onde vinha exatamente.

Eles passeiam com o lume das lanternas pela escuridão do vasto armazém.

— Por que você não veio sozinho, Alemão?

— Fique tranquilo, Andrezinho, são amigos de confiança, eles vieram pra ajudar.

Breve pausa.

Alemão, Otelo e Jéssica olham pra todos os lados tentando identificar de onde viria aquele garoto.

— Tudo bem, vou confiar em você, Alemão!

— Pode confiar, irmão. Estamos aqui pra te ajudar! — reafirmou Alemão.

Nova pausa.

Para surpresa dos três, Andrezinho salta na frente deles, pois estava pendurado em uma viga acima de suas cabeças.

Ele cai de pé e dobra ligeiramente as pernas, recompondo-se rapidamente. Bate com a palma das mãos na roupa liberando um pouco de poeira.

Os traços luminosos das lanternas destacam o pó que sobe da roupa do garoto.

— Estes são Jéssica e Otelo. Meus amigos de confiança! — apresentou Alemão.

— Oi Andrezinho! — cumprimentou Jéssica com um sorriso.

— E aí, Andrezinho? — saudou Otelo estendendo a mão.

— Olá! Se são amigos do Alemão, são meus amigos também. Valeu...

— Andrezinho, o Otelo trouxe algo pra você vestir.

—Tenho necessidade de mudar de roupa?

—Você não vai mudar de roupa apenas, eu trouxe um disfarce.

— Disfarce? — estranhou Andrezinho.

— Confie no Otelo, ele é especialista nisso, pra ele o disfarce é uma arte. Fique tranquilo, é só uma medida de segurança.

Olhando em meio àquela penumbra, Andrezinho concordou.

—Tudo bem, se é pra me ajudar, nada contra.

— Então vá com o Otelo ali para o canto onde você poderá se trocar e não demorem, precisamos ir embora.

— Não é preciso, Alemão, ele pode se disfarçar aqui mesmo. Jéssica, vire de costas, por favor! Basta colocar essa roupa de seguidor de *Hare Krishna*. A parte de baixo da roupa masculina se chama *Dhoti* e a parte superior *Kurta*. Pode tirar a calça e a camisa, Andrezinho; fique tranquilo, a Jéssica está olhando para o outro lado.

Rapidamente Andrezinho se desvencilha da calça e da camisa. No momento em que ele pega o *Dhoti* da mão de Otelo, esse o contém.

— Calma, não coloque a roupa ainda, preciso raspar sua cabeça.

— Raspar minha cabeça?

– Sim, os seguidores de *Hare Krishna* raspam a cabeça para cultivar a simplicidade e a humildade. Essa antiga tradição significa que a pessoa está interessada em valorizar mais a beleza da alma do que a do corpo.

Otelo pega uma máquina de cortar cabelos à bateria e inicia a raspagem. Em breves minutos, Andrezinho está totalmente careca.

– Posso me vestir agora?

– Sim. – respondeu Otelo. – Mas ainda falta a pintura.

– Pintura??? – surpreendeu-se Alemão.

– Certamente, se é pra se disfarçar, vamos fazer a coisa direito! – afirmou Otelo.

Jéssica, que olhava para o outro lado, ria discretamente.

– Mas me responda, seu sabichão. – provocou Alemão. – Por que os seguidores de *Krishna* se pintam?

Otelo pegou um pequeno pote que trouxera na mochila, e, com calma, começou a pintar o nariz e a testa de Andrezinho.

– A pintura chama-se *Tilaka* e é feita com argila especial proveniente dos rios sagrados da Índia. No nosso caso, a argila veio mesmo do rio Tietê.

– O quê??? – assustou-se Andrezinho.

– Brincadeirinha. – gargalhou Otelo. – No nosso caso não é argila, mas apenas uma tinta usada em maquiagem que imita a cor da argila.

– Ah, bom... – relaxou Alemão.

– Os seguidores de *Krishna*, após o banho, pintam o corpo para designá-lo como templo de Deus. – explicou Otelo. – Satisfeitos?

– Sim, mas vamos embora logo! – apressou-se Alemão.

– Prontinho. Ah, já ia me esquecendo! – remexendo na mochila mais uma vez. – Aqui está.

– Um óculos? – espantou-se Andrezinho.

– Isso mesmo, coloque esses óculos de aro fino. Não se preocupe que não tem grau algum. É só pra completar o figurino. E coloque esse colar também, que se chama *Kanthi*. Calce a sandália... Isso! Agora sim! Prontinho!

Recolhendo rapidamente seus apetrechos, Otelo afirmou:

– Pronto, podemos ir.

Jéssica virou-se e exclamou:

– Nossa!!! Nem parece a mesma pessoa! Parabéns, Otelo!

– Obrigado! Vamos embora daqui!

Na escuridão do armazém, quatro vultos deslocam-se rapidamente.

Aproximadamente uma hora depois, eles entram na toca dos A.N.J.O.S..

– Está com fome, Andrezinho?

– Não quero dar trabalho, Alemão. Mas estou sem comer desde ontem.

– Pode deixar, vou descer e procurar algo! O Otelo e a Jéssica farão companhia para você enquanto isso.

–Tudo bem, Alemão. Obrigado!

Bem humorado, Alemão fica de frente para Andrezinho e une as mãos espalmadas junto ao peito e diz curvando-se:

– *Namastê!*

Tornando o ambiente mais alegre, Andrezinho assume o papel de seguidor de *Krishna* e reverencia Alemão da mesma forma.

– E então, Andrezinho, podemos falar um pouco sobre a gangue dos Vampiros? – indagou Otelo.

– Esse é um assunto do qual normalmente eu não falaria, mas não tenho nada a perder, já que estou com a cabeça a prêmio.

– Não queremos incomodar com esse papo, caso não deseje falar.

– Pare com isso, quem está incomodando aqui sou eu. Tenho muito o que agradecer a vocês e ao Alemão. Não sei o que seria de mim a essa hora.

– O Alemão gosta muito de você. – afirmou Jéssica.

– É verdade, Andrezinho, percebemos isso quando ele nos contou o que estava acontecendo com você. – acentuou Otelo.

– Fomos criados juntos por um tempo, até hoje não entendi por que nos separamos. Eu sempre o considerei um grande irmão, meu único irmão.

Alemão retorna trazendo leite, frutas e um prato com sanduíche.

– Entrega em domicílio! – volta brincando.

– Pode comer, Andrezinho, nós esperamos você lanchar. – alertou Otelo.

– Estou faminto...

Com voracidade, ele começa a alimentar-se. O silêncio só é quebrado pela sinfonia dos talheres manuseados pelo garoto comendo.

Mastiga e fica de olhos fixos no vazio, buscando algo para relatar. Engole mais um pedaço de pera, toma mais um gole de leite e diz:

– Eu andava com algumas dificuldades em casa. Era impossível dialogar com meu pai. Ele, sempre ocupado, e quando eu tentava falar algo sobre minhas coisas, dificilmente ele dava importância. Tinha a fórmula pronta pra todos os meus problemas, achando que a solução dele servia pra mim. Nunca me perguntou o que eu achava disso ou daquilo, sempre empurrava as coisas pela minha goela abaixo. Até hoje não entendi nem ao menos por que mudamos dessa cidade. Nossa mudança pra Santos foi legal, a cidade é maravilhosa, mas sinto, hoje em dia, que existe algo estranho por trás de toda a transformação que ocorreu em nossas vidas.

Ele fez uma breve pausa, mordeu mais um naco de pão. Enquanto mastigava, Jéssica perguntou:

– E sua mãe? Onde ela está?

– Não tenho mãe. Segundo meu pai, ela morreu logo após meu nascimento. E todas as vezes que eu perguntei sobre ela, meu pai evitou falar. Procurei respeitar o silêncio dele, acreditando na dor que sentia ao tocar nesse assunto.

– Desculpe... – lamentou Jéssica.

– Não se preocupe... Esse assunto não me incomoda mais. – descascou uma banana e começou a comer.

– O meu pai era muito amigo do pai do Andrezinho. Eles eram como a gente; se tratavam como irmãos, se davam muito bem. – explicou Alemão.

– Eu sou 3 anos mais velho que o Alemão, estou com 19 agora.

– Como disse antes, minhas dificuldades com meu pai só aumentavam dia a dia. Quatro anos atrás, quando eu estava com quinze anos, em um final de tarde em pleno verão, caminhando pela praia do Gonzaga, em Santos, parei para tomar uma água de coco em um quiosque e vi três garotos de roupas pretas com a mesma tatuagem no antebraço direito. Achei legal e fiquei olhando por um tempo. Um deles percebeu meu interesse e, pra minha surpresa, me chamou dizendo:

– Gostou da *tattoo?*

Surpreendido, respondi:

– Muito...

– Quer ter uma?

– O que eu preciso fazer para ter uma dessas?

Os três sorriram e um deles disse:

— Isso é fácil! Quer vir com a gente?

— Pra onde?

— Estamos indo pra São Paulo agora, se você vier e for corajoso o suficiente pra passar no teste, pode até fazer parte da nossa gangue.

Eu já tinha visto algumas gangues americanas na televisão. Senti-me fascinado pela possibilidade de fazer parte de uma gangue. Uma sensação de poder tomou conta de mim. E o garoto me perguntou:

— E então? Quer ou não quer ir com a gente?

— Que horas vocês vão? Preciso pegar algumas roupas.

— A gente te espera, fique tranquilo. Pode ir buscar sua roupa.

— Qual o seu nome? — perguntei ao que me fez o convite.

— Pode me chamar de Buba, esse é o Sapão e esse outro é o Mau Mau. — apresentou os outros garotos.

Os dois balançaram a cabeça e sorriram pra mim. Senti-me importante a partir daquele momento.

— E o seu pai? — indagou Jéssica.

— Meu pai sempre chegava tarde do trabalho. Eu já estava acostumado a passar noites fora de casa. Não tinha medo do desconhecido.

— Continue, Andrezinho, e depois? — quis saber Alemão.

— Fui até minha casa, me troquei e segui para São Paulo com eles. Como estavam a pé, perguntei se iríamos de ônibus. Eles gargalharam. Pediram-me apenas pra acompanhar sem fazer perguntas. Assim fiz. Caminhamos por algumas ruas do Bairro Gonzaga até que o Sapão encostou-se em um carro e rapidamente abriu a porta com duas ou três pancadas e um pedaço de arame. Quando percebi, já estávamos os quatro dentro do carro em movimento. Subimos a serra pela via Anchieta. Em pouco mais de uma hora, estávamos na capital. Andamos por algumas ruas de São Paulo até chegar a uma casa estranha. Lá dentro conheci vários adolescentes, meninos e meninas, com a mesma tatuagem de morcego no antebraço. Rolava uma grande festa. Bebi muito e perdi a noção de tudo, passei vários dias em contato com aquele grupo. Eles praticavam alguns rituais estranhos, mas o que mais faziam era se drogar. Não sei como não me viciei, provei algumas drogas, mas meu organismo rejeitou isso. Eu passava tão mal que faltava coragem para repetir

a dose. Eu queria ser útil à gangue. Comprometi-me com o Corvo a ser um vendedor. Vi muitos adolescentes, filhos de famílias ricas e pobres, alimentarem seus vícios e serem usados pela gangue dos Vampiros.

— Por que esse nome, "gangue dos Vampiros", Andrezinho? — indagou Otelo.

— Não tem nada a ver com vampiros que sugam sangue. Mas os traficantes de droga não deixam de ser "vampiros modernos", que sugam a saúde, o dinheiro, a mente, pra não dizer a vida, de jovens que se deixam levar por ilusões. O nome "gangue dos Vampiros" é mais para impressionar e atrair a curiosidade dos jovens.

— E o seu pai? Como ficou a relação de vocês dois?

— Aprontei muito também, sumi de casa várias vezes sem dar notícia. Errei muito. Já tínhamos grande dificuldade de nos relacionar antes que eu participasse da gangue dos Vampiros; depois que me tatuei, nossa relação terminou. Antes de procurar o Alemão, fui atrás dele, mas não deu certo. Ele reconstruiu a vida com uma nova mulher, que estava grávida, não achei justo atrapalhar meu pai. — fez breve pausa e concluiu. — Preferi não incomodar.

— E agora que você sabe de tudo isso e que a sua vida está correndo perigo, o que pretende fazer?

— Estou arrependido e se eu puder, quero destruir a gangue dos Vampiros. Eles arrastam muitos inocentes para a morte através das drogas. Farei o possível pra conseguir isso, antes que eles me matem.

— Andrezinho, por que eles querem matar você? — pergunta Otelo, interessado.

— Contrariei as ordens do Corvo, ele queria que eu matasse um garoto. Era uma espécie de teste pra que eu passasse ao conselho de vampiros, o grupo de comando mais próximo ao Corvo. Devido ao sucesso que meu trabalho vinha alcançando na administração da venda de drogas, fui ganhando importância na gangue. Foi aí que me convidaram pra passar à cúpula da gangue. Mas para isso, eu teria que provar fidelidade matando um desafeto do Corvo...

— E o que você fez? — interrompeu Jéssica, curiosa.

— Precisava ganhar tempo para pensar no que fazer. Assim que me deram a ordem para matar o Bugre, eu disse que faria. Pedi alguns dias, o Corvo não aceitou, mandou matar imediatamente. Pedi os meios para isso, eles me deram uma arma. Saí sozinho da caverna da gangue dos Vampiros...

— Caverna? — estranhou Alemão.

— Caverna é uma casa antiga onde fica o comando da gangue. Então, naquele dia saí sozinho da caverna dos vampiros dizendo a eles que iria atrás do Bugre. Foi aí que abandonei a gangue. Vinte e quatro horas depois, todos os vampiros estavam atrás de mim. E aquele que conseguir me matar vai ocupar meu posto. A gangue tem esse código, quem mata um traidor que tenha tido um cargo de confiança na hierarquia da gangue herda o posto dele.

—Você sabe quantos vampiros existem na gangue? — quis saber Otelo.

— Acredito que fazem parte do grupo principal cerca de 40 membros, mas zumbis eu não sei precisar.

— Zumbis??? — todos perguntaram em coro.

— Sim, zumbis são aqueles que trabalham na organização em troca de drogas para sustentarem o vício. O viciado vira zumbi nas mãos da gangue. Em troca de um pouco de droga o zumbi faz qualquer coisa.

Todos ficaram em silêncio, tocados pela triste história de Andrezinho.

NA ESCOLA

No dia seguinte, na quadra da escola...

–Tudo aconteceu desse jeito, Sócrates e Nina. – Otelo explica para o líder dos A.N.J.O.S. o que havia acontecido na noite anterior.

– E o que ele está fazendo agora, Alemão? – indaga Sócrates.

– Ele está no sótão, e muito bem acomodado. Tem cama, frigobar, deixei água, leite e frutas.

Sócrates, que estava de mãos dadas com Jéssica, aprovava as atitudes do amigo balançando a cabeça.

– Ele me pareceu sincero, Sócrates. – explica Otelo. – As coisas que ele disse, admitindo os próprios erros, revelam alguma maturidade diante dos problemas.

– Isso é verdade! – Jéssica apoiou as palavras de Otelo.

– Qual vai ser o nosso próximo passo? – perguntou Nina.

– Antes de decidirmos o que fazer, preciso contar a vocês o que eu e Nina levantamos sobre a "gangue dos Vampiros". Pesquisei e descobri que eles têm uma comunidade em um site de relacionamento, que se chama "Eu amo Vampiros". É um chamariz para atrair jovens; mais uma ferramenta para aliciar adolescentes. Nessa comunidade, que tem como símbolo um morcego, ocorre até tráfico de drogas. – Sócrates pega do bolso da calça uma folha de papel dobrada. – Vejam, amigos, imprimi ontem pela *internet*.

– A pergunta é: o morcego que está tatuado no braço do Andrezinho é igual a esse?

– É esse mesmo, tem asas fechadas sobre o corpo, ficando fora apenas a cabeça do morcego! – confirmou Alemão.

– É isso, está confirmado, a "gangue dos Vampiros" tem tentáculos espalhados em pontos-chaves que são atrativos para os jovens. Precisamos nos reunir o mais rápido possível com o Andrezinho, só ele pode nos informar o ponto fraco da gangue. Alertou o líder dos A.N.J.O.S..

– Está certo, podemos nos reunir ainda hoje, Sócrates. – concordou Otelo.

– Mas a identidade dos A.N.J.O.S. não deve ser revelada em hipótese alguma. Eu e a Nina estaremos presentes e devemos ser apresentados como mais dois amigos de confiança que vão colaborar no plano.

– Combinado! Assim faremos! – afirmou Otelo.

– Pessoal, em uma semana vou estrear no teatro! – avisou Otelo.

– Estarei presente, Otelo, quero ver sua interpretação. – alegrou-se Nina, e indagou. – Qual personagem você irá representar?

– Eu disse a vocês que a peça é: "Pluft, o Fantasminha", da dramaturga Maria Clara Machado. Vou interpretar o "Pluft". Espero que as crianças gostem dessa montagem da peça.

– Essa peça é muito famosa, né, Otelo? – perguntou Alemão.

– Isso mesmo, já foi apresentada em diversos países.

– Será mais um sucesso, tenho certeza disso. – entusiasmou-se Jéssica.

– Tenho aqui no bolso um trecho do texto original da peça. Trago comigo para estudar nas horas vagas. Querem ver?

– Nossa! Nunca vi um texto teatral, deve ser interessante. Mostra pra gente, Otelo. – Nina pede enquanto Otelo puxa do bolso alguns papéis.

– Aqui está, podem ler.

ATO ÚNICO

Cenário:

Um sótão. À direita, uma janela dando para fora, de onde se avista o céu. No meio, encostado à parede do fundo, um baú. Uma cadeira de balanço. Cabide nos quais se veem, pendurados, velhas roupas e chapéus. Coisas de marinha. Cordas, redes. O retrato velado do capitão Bonança. À esquerda, a entrada do sótão.

Ao abrir o pano, a Senhora Fantasma faz tricô, balançando-se na cadeira, que range compassadamente. Pluft, o Fantasminha,[2] brinca com um barco. Depois larga o barco e pega uma velha boneca de pano. Observa-a por algum tempo.

PLUFT:
Mamãe!

MÃE:
O que é, Pluft?

PLUFT:
(Sempre com a boneca de pano.) Mamãe, gente existe?

MÃE:
Claro, Pluft. Claro que gente existe.

PLUFT:
Mamãe, tenho tanto medo de gente! (Larga a boneca.)

---

2. Homenagem a Ana Clara Machado – Transcrição de um trecho da peça "Pluft, o Fantasminha" – nota do autor.

MÃE:

Bobagem, Pluft.

PLUFT:

Ontem passou lá embaixo, perto do mar, eu vi.

MÃE:

Viu o que, Pluft?

PLUFT:

Vi gente, mamãe. Só pode ser. Três.

MÃE:

E você teve medo?

PLUFT:

Muito, mamãe.

MÃE:

Você é bobo, Pluft. Gente é que tem medo de fantasma e não fantasma que tem medo de gente.

PLUFT:

Mas eu tenho.

MÃE:

Se seu pai fosse vivo, Pluft, você apanharia uma surra com esse medo bobo.

Qualquer dia destes, eu vou te levar ao mundo para vê-los de perto.

PLUFT:

Ao mundo, mamãe?!!

MÃE:

É, ao mundo. Lá embaixo, na cidade...

PLUFT:

(Muito agitado vai até a janela. Pausa.) Não, não, não. Eu não acredito em gente, pronto...

PLUFT, O FANTASMINHA

– Só tem esse com você? É muito interessante! – pergunta Jéssica, curiosa.

– Sim, só esse trecho inicial da peça.

– Eu nunca fui ao teatro, gostaria muito de conhecer. – revelou Alemão.

– Aproveite esse momento e vá me prestigiar. Ficarei feliz em ver vocês no teatro.

– Pode deixar, Otelo. Estaremos lá! – prometeu Sócrates.

– E a reunião na Toca dos A.N.J.O.S.? Está confirmada para hoje à noite? – indaga Nina.

– Confirmada! Com a ajuda do Andrezinho, esta noite traçaremos o plano de ação para desmontar o esquema da "gangue dos Vampiros". – decretou o líder dos A.N.J.O.S..

O sinal de término do intervalo de aulas ecoa pelo Colégio Monteiro Lobato e todos os alunos retornam para a sala de aula.

UM SENTIMENTO INTENSO

— Mas como lhe digo, professora Alice... Ando sentindo aquelas coisas com mais intensidade.

— Jéssica, não deve se aborrecer com isso. Sua sensibilidade é muito grande, acredito que você ainda irá manifestar outras tendências de sensibilidade. Já falamos sobre a psicometria. Não existe uma maneira de se controlar essa manifestação sensitiva. O melhor a fazer é estudar mais profundamente o processo da psicometria, assim você não irá temer essa potencialidade natural que você tem.

— Eu e o Sócrates estamos namorando. Em algumas vezes que nos beijamos, tive a sensação de ter vivido isso antes.

— E como isso acontece?

— É algo que não domino, as imagens aparecem involuntariamente em minha mente. O que significa isso?

— Pode significar que você tenha recordações de outras vidas.

— Isso me deixa confusa, professora.

— Me chame de Alice apenas, nada de professora. Somos amigas aqui fora, sou professora só na classe. Pode ser?

— Está certo... Alice. Vou me acostumar a tratá-la assim. Embora eu veja imagens do meu beijo com o Sócrates e sinta que somos nós dois, o homem e a mulher que se beijam são diferentes.

— Isso significa que já nos amamos em outra vida? Em outro lugar?

— Isso mesmo, Jéssica! Que outra explicação você teria para entender o que sente?

— Eu entendo essa parte. O que eu não entendo é por que só eu me recordo e ele não?

— Temos que perguntar: todos têm a sua sensibilidade?

— Cada pessoa é de um jeito.

— Pois então! Eu não sou igual a você, cada um tem suas características próprias.

— Mas não é só isso!

— Então me diga o que vem acontecendo de diferente com você? Anda sentindo algo novo?

— Pode parecer estranho o que vou dizer. Tenho até vergonha de falar, não pense que sou louca.

— Fique tranquila, Jéssica. Somos amigas, lembra?

— Temos um grupo de amigos que se reúne de vez em quando.

— Ora, Jéssica, isso é muito natural, teremos amigos com as mesmas afinidades.

— Mas o estranho acontece quando nos reunimos.

— Me diga, o que acontece?

— Todas as vezes que nos reunimos, sinto que não estamos sozinhos. Parece que em nossa volta estão outros seres invisíveis. Isso não é coisa de gente maluca?

— Jéssica, querida, você é capaz de captar as energias presentes no ambiente através da sua mediunidade. Por isso sente a presença de outras mentes invisíveis.

— É difícil compreender tudo isso.

— Essas percepções fazem parte da sua natureza pessoal. Você se sente mal quando isso ocorre?

— Isso é interessante! Eu não me sinto mal, pelo contrário, me sinto muito bem.

— Acalme-se, você já pesquisou esses assuntos, comprovou que grande número de pessoas também sente essas energias. São denominados médiuns.

— Está certo, Alice! Podemos voltar a esse assunto outra hora? Preciso ir, vou encontrar o Sócrates. Temos uma reunião importante na casa de um amigo.

— Fique tranquila. Quando desejar, voltaremos a falar sobre isso.

— Obrigada, Alice! Você é uma grande amiga.

— Séculos atrás, muitas pessoas foram queimadas por apresentarem, involuntariamente, e manifestarem esse sexto sentido apurado. Foram tratadas

como loucas, ou bruxas. O médium, hoje em dia, é tratado como merece, como uma pessoa comum, igual a todas as outras. A diferença é que o médium tem uma sensibilidade diferenciada. Outra hora voltaremos a conversar. Traga o Sócrates da próxima vez.

— Obrigada, Alice! Nem sei como lidaria com essa situação se não fosse você!

— Conte sempre comigo!

Elas se abraçaram despedindo-se.

***

Sócrates a encontra no local combinado e, ao beijá-la, pergunta com um sorriso:

— E então... Como foi a conversa com a Alice?

Jéssica o beija com ternura e responde:

— Notória como sempre, ela é muito nítida e objetiva em suas colocações.

—Você precisa do máximo de informações a respeito dessa capacidade, só assim irá aceitar com naturalidade esse potencial.

— É verdade, Sócrates. Mas me diga, o que você tem em mente para combater a gangue dos Vampiros?

— Ainda não pensei em nada... Precisamos ouvir o Andrezinho. É ele quem vai nos dar as informações para a ação.

Com a mão de Sócrates carinhosamente colocada sobre o ombro de Jéssica, o jovem casal chega em frente ao portão da casa.

— Antes de entrarmos, quero dizer que a cada dia que passa, mais eu gosto de você...

Ele interrompe com um longo e apaixonado beijo.

—Também me sinto assim... A cada momento que fico a seu lado, mais tenho certeza de que uma força estranha e poderosa nos une... Não sinto um apelo do corpo apenas... Em meu coração, cresce algo que me encanta e alegra...

— É algo forte e suave ao mesmo tempo. Um sentimento brando e harmonioso... — Jéssica fala com grande carinho.

Eles se abraçam intensamente.

Não é preciso dizer mais nada, as palavras não servem para traduzir o arrebatamento que só o encontro de seres afins pode produzir.

Um abraço que escapa ao entendimento dos corpos juvenis manifestando carinho... Um abraço que revela a afinidade profunda de dois seres, que há muito e muito tempo se amam nas jornadas das vidas.

Após breve, mas intenso momento, ela indaga:

—Vamos entrar?

—Vamos sim, acho que todos já devem estar nos esperando.

Eles adentram o quintal da casa e acionam a alavanca, fazendo com que a escada de corda desça.

Antes que a escada de corda estivesse pronta para a subida, mais um beijo prolongado.

Palavras de amor são murmuradas, juras de fidelidade.

Depois de mais um abraço, eles sobem para a toca dos A.N.J.O.S..

O PLANO

— Olá, pessoal! — cumprimentou Jéssica.

— Demoramos? — indaga Sócrates aos amigos.

— Sócrates, esse é o Andrezinho. — Alemão apresenta.

— Olá, Andrezinho... Mas você está parecendo realmente um seguidor de *Hare Krishna*. Otelo caprichou no disfarce.

— É verdade... O Otelo é bom mesmo com disfarces. Tudo bem, Sócrates? — responde o garoto estendendo a mão.

— Eu já havia apresentado o Andrezinho para a Nina. — alerta Alemão.

— Isso mesmo, a gente estava conversando sobre vários assuntos enquanto vocês não chegavam. — comentou Nina com alegria.

— Podemos começar a nossa reunião? — quis saber Alemão.

— Certo, vamos começar! — concordou Sócrates.

— Andrezinho, esses são meus amigos, pessoal de minha confiança. — Alemão falava apontando a todos. — Eles estão aqui para ajudar você e... — breve pausa. — Outros adolescentes a escaparem da gangue dos Vampiros.

— Na situação que estou vivendo, tenho que agradecer a ajuda de vocês. Sei que meu histórico não me recomenda, trafiquei drogas, ajudei essa gangue a prejudicar muita gente. Não posso esconder que meu desejo de acabar com a gangue dos Vampiros está ligado à minha própria sobrevivência. Se essa gangue não acabar, eu terei que viver escondido. Nem precisava que o Alemão dissesse essas palavras sobre vocês. Sei que posso confiar em todos.

– Precisamos acertar todos os detalhes e saber de você qual o ponto fraco da gangue. Depois de estudarmos a situação, colocaremos o plano em ação. – aconselhou Sócrates.

– Tenho pensado bastante sobre a melhor maneira de agirmos. Precisamos reunir provas e levar à polícia. Se não envolvermos a polícia no caso, nada irá mudar. – alertou Andrezinho.

– Toda organização precisa de dinheiro pra sobreviver, certo? – indagou Otelo.

– Certo, Otelo onde você quer chegar? – questionou Alemão.

– Continue! – pediu Sócrates.

– Sem dinheiro ninguém faz nada. Se conseguirmos acesso aos livros de contabilidade da gangue, teremos as provas de que precisamos. Na contabilidade encontraremos o nome de todos os envolvidos e dos principais beneficiados dessa organização. Então levaremos tudo para a polícia. – Otelo afirmou com satisfação.

Todos se entreolharam concordando.

– Ele tem razão! – concorda Andrezinho. – Mas a gangue não usa livros, é tudo virtual, justamente para não cair nas mãos de ninguém. Toda a rede de distribuição de drogas e controle financeiro está maquiada em códigos no computador do Corvo. Se conseguirmos entrar no sistema, poderemos passar todas as informações para a polícia.

– Conseguindo essas provas, temos que entregá-las às pessoas certas dentro da polícia. – avisou Nina.

– A Nina tem razão! Se as provas caírem nas mãos de pessoas erradas, tudo irá se perder. – comentou Jéssica.

– E então, Andrezinho? Como faremos isso? – perguntou Sócrates.

– Toda a contabilidade da gangue dos Vampiros fica em um *notebook* que o Corvo carrega com ele. Precisamos de um *hacker* que possa invadir o sistema e copiar todos os dados. Na caverna dos vampiros, existe um computador central no qual os dados são digitados, depois disso, tudo é repassado ao computador do Corvo. Ia lá sempre para prestar contas e fazer o balanço do comércio. A única maneira de entrarmos, mas mesmo assim correndo riscos, é atrair para fora da caverna o maior número possível de vampiros. Se criarmos alguma situação que cause preocupação ao Corvo, a gangue vai ficar agitada.

Ele vai querer resolver o problema o mais rápido possível. Quem precisa entrar na caverna sou eu, que conheço a sala onde ficam os papéis da contabilidade.

– Sua explicação é nítida e correta! Mas prefiro usar a inteligência e não a violência. Se entrarmos na caverna dos vampiros e formos descobertos, corremos risco de vida. Não é isso que pretendo; inteligência, sim; violência, não. – afirmou Sócrates.

–Temos que pensar em algo... – resmungou Alemão.

Todos ficam em silêncio por algum tempo...

– Já sei! Já sei! – afirma Alemão.

– Qual é a sua ideia, Alemão? – Nina indaga.

– Andrezinho, você tem como telefonar para o Corvo? – perguntou Alemão.

– Com certeza que posso telefonar, mas por que eu teria que fazer isso? – indagou sem entender.

– Precisamos pegar o Corvo sem violência, certo? Se você telefonar para ele e o mantiver falando por poucos minutos, podemos gravar a voz dele... – Alemão explicava esfregando as mãos.

– Aonde você está querendo chegar, Alemão? – Sócrates interrompeu sem entender.

– É simples! Vamos gravar a voz do Corvo para que eu possa ouvi-la com calma e imitá-la... – todos se entreolharam surpreendidos com a ideia.

– Continue, Alemão... – pediu Nina.

– Farei alguns exercícios até aprender a voz do Corvo. Depois que tiver aprendido, ligo para a caverna dos vampiros e peço para eles enviarem o arquivo da contabilidade por um arquivo virtual.

– Mas você não acha que eles vão desconfiar? – Jéssica duvidou.

– Eles podem desconfiar, mas é uma tentativa, por que não arriscar?

– O Alemão tem razão, se não desejamos nos expor e deflagrar a violência contra os outros e contra nós mesmos, devemos tentar. – afirmou Sócrates.

–Você está certo, Sócrates. Talvez, por ser algo tão simples, eles não desconfiem e passem o e-mail. – apoiou Otelo.

– Mas pra qual e-mail pediremos que eles enviem o arquivo? – quis saber Andrezinho.

– Para o e-mail do Corvo, é certo! – afirmou Sócrates. – Você sabe qual é o e-mail dele?

– O e-mail eu sei, Sócrates, mas como conseguiremos a senha de acesso?

– Andrezinho, essa é a minha parte. Pode deixar que vou invadir a caixa postal do Corvo, só preciso que você me dê o endereço eletrônico dele.

– Isso é fácil, anota aí...

– Quando colocaremos o plano em ação? – indagou Nina.

– Agora! Não é isso, Sócrates? – asseverou Alemão.

– Sim, imediatamente!

– Mas precisamos saber o momento em que o Corvo se ausenta da caverna para poder ligar para os vampiros e pedir o arquivo.

– Normalmente ele sai após o almoço. Temos que vigiar a caverna e avisar ao Alemão para ele poder ligar. – explicou Andrezinho.

– Então precisamos de pelo menos três dias para entrar em ação. – alertou o líder dos A.N.J.O.S..

– Vamos preparar o equipamento para gravar a ligação! – avisou Otelo.

– Vou trazer o *notebook*, assim o Andrezinho liga para o Corvo pelo sistema *SKYPE*, fica até mais fácil gravar a voz do Corvo no próprio *PC*.

– Perfeito, Sócrates! – animou-se Jéssica com a inteligência do namorado.

Todos se entreolharam e sentiram a confiança de que tudo daria certo.

A MISSÃO

Tudo foi preparado e ficou combinado que Nina, Otelo e Jéssica vigiariam a caverna dos vampiros para avisar sobre a saída do Corvo.

Com a descrição de Andrezinho, não seria difícil identificá-lo.

Afastados alguns metros da caverna dos vampiros, os três amigos conversavam.

— Olhem discretamente, aquele carro preto que estacionou é da marca que o Andrezinho indicou como sendo o carro do Corvo.

— É verdade, Nina! Deve ser o carro que veio buscá-lo. — confirmou Otelo discretamente.

Do grande carro que acabara de estacionar, desceram dois jovens altos e musculosos, ambos usando óculos escuros e um sobretudo preto.

Eles descem do carro e olham para todos os lados.

Um deles fica na calçada observando o movimento, o outro entra na caverna dos vampiros.

Os três amigos procuram disfarçar, mas seguem vigilantes.

— Vou enviar uma mensagem pelo código secreto dos A.N.J.O.S. para o celular do Sócrates. — avisa Otelo.

— Isso mesmo. Olha lá, o Corvo está saindo da caverna. — alertou Jéssica.

Instintivamente os três amigos se viram para observar o famoso personagem.

Ao lado do jovem que entrara na caverna, sai um outro rapaz muito forte e alto, também de óculos escuros e sobretudo preto.

— É ele mesmo, o Corvo! — Nina afirma convicta.

Imediatamente Otelo tira o celular do bolso e digita a mensagem em código:

5-12-5 5-19-20-1 19-1-9-14-4-15 4-1 3-1-22-5-18-14-1

Com todo o equipamento preparado para o início da operação, Sócrates responde a Otelo também com o código dos A.N.J.O.S.:

6-9-17-21-5-13 4-5 15-12-8-15 19-5 5-12-5 22-15-12-20-1-18 1-22-9-19-5-13

– Sócrates pediu pra gente ficar observando a caverna. – avisou Otelo às duas amigas.

Na toca dos A.N.J.O.S....

– Vamos aguardar pelo menos dez minutos para você ligar, Alemão.

– Está certo, Sócrates, faremos isso! – Alemão respondeu ao amigo, confiante.

Os minutos demoram como horas, mas finalmente esgota-se o tempo determinado.

– Pronto, podemos ligar, Andrezinho?

– Sim, chegou a hora. Pode ligar, Sócrates!

– Você já sabe o que vai falar, não é?

– Sei, sim, Sócrates. Pode deixar, já estou acostumado a tratar com o Corvo.

Alemão e Sócrates colocam um fone de ouvido para escutar a conversa, o líder dos A.N.J.O.S. faz um sinal de positivo com o polegar da mão direita e Andrezinho digita o número do celular do Corvo no teclado do *notebook*.

Demoram alguns segundos até que o primeiro toque de chamada ecoe pelos fones de ouvido.

No interior do carro que se deslocava pela Avenida Consolação, no centro de São Paulo, o Corvo olha para o celular tentando identificar o número da ligação; mas mesmo não reconhecendo, resolve atender:

– Alô...

Andrezinho respirou fundo e disse:

– Alô, Corvo...

– Ele mesmo, quem está falando?

Alemão aciona o gravador de voz.

– Sou eu, chefe, o Andrezinho...

– Ora, ora, ora, onde é que você anda, moleque?

– Estou ligando para pedir uma nova oportunidade, me arrependi de ter fugido sem cumprir suas ordens...

– Você sabe que nossa organização não aceita esse tipo de atitude, não sabe?

– Sei, chefe, mas por ter sido sempre fiel à organização, eu queria mais uma chance...

Vendo no telefonema a oportunidade de colocar as mãos no desertor e sumir com aquele verdadeiro arquivo ambulante, o Corvo falou:

– Me procure à noite na nossa caverna, vou lhe dar outra incumbência; caso você se saia bem dessa vez, posso reconsiderar a minha decisão. Mas não esqueça, se não corresponder, sua vida não vale uma moeda de 1 centavo.

– Obrigado, chefe... Eu vou corresponder...

Sócrates fez sinal de positivo para Andrezinho, indicando que o tempo de conversa tinha sido o suficiente.

Assim que a ligação termina, Alemão dispara com a voz rouca como a do Corvo.

– Mas não se esqueça, se não corresponder, sua vida não vale uma moeda de 1 centavo.

Sócrates e Andrezinho se entreolharam e caíram na gargalhada, pois a voz era idêntica à do Corvo.

– Disque o número da caverna, Andrezinho, e deixe que eu falo. – avisou Alemão.

Mais alguns segundos de expectativa, até que um novo sinal de chamada telefônica ecoa pelos fones de ouvido.

Da caverna dos vampiros, uma voz responde:

– Alô...

– Quem está falando? – imediatamente o interlocutor do Alemão reconhece a voz rouca do Corvo.

– É o Henrique, chefe...

Imediatamente Andrezinho escreve em um papel e passa para o Alemão: "Mande chamar o Lelé".

– Chama o Lelé...

– Pode deixar, chefe, já estou chamando. – responde Henrique sem desconfiar de nada.

– Alô, chefe... É o Lelé...

Até aquele momento, tudo estava indo bem.

– Lelé, eu preciso que você faça uma cópia de segurança de toda a nossa contabilidade e mande para o meu e-mail.

A ligação ficou muda por frações de segundos e os três amigos se entreolharam com expectativa.

Ninguém costumava contrariar as ordens do Corvo, por isso Lelé respondeu:

– Já estou enviando, chefe, já estou enviando...

– Ótimo! – respondeu Alemão finalizando a ligação e piscando para Sócrates.

Imediatamente Sócrates, que já havia rastreado a conta eletrônica do Corvo, pegou o *notebook* e começou a digitar números. Andrezinho e Alemão observavam tudo.

Na tela do *notebook* aparece a caixa de entrada do e-mail do Corvo. Sócrates clonou a caixa de entrada utilizando o mesmo endereço de e-mail.

A expectativa era grande e os três gritaram ao mesmo tempo, quando viram o e-mail enviado pelo Lelé com o arquivo contábil do Corvo sendo baixado para o *notebook* do líder dos A.N.J.O.S..

Nesse mesmo instante, Sócrates envia uma mensagem em código secreto para o celular de Otelo:

19-21-3-5-19-19-15 22-15-12-20-5-13 1 20-15-3-1

Jéssica, Nina e Otelo sorriem e retornam para a toca dos A.N.J.O.S..

A TRAIÇÃO

Todos estão reunidos na toca em reunião decisiva.

— Precisamos agir o mais rápido possível e entregar esse arquivo para a polícia. — afirmou Alemão preocupado.

— Alguém conhece algum policial? — perguntou Andrezinho com preocupação.

— Por que precisamos conhecer algum policial? — indagou com curiosidade Nina.

— As coisas não são tão fáceis assim, Nina, existem vampiros também na polícia. — lamentou Andrezinho.

— Nesse caso podemos ser pegos dentro da própria delegacia? — assustou-se Jéssica.

— O Andrezinho tem razão, pessoal, precisamos pensar em uma saída, mas não podemos radicalizar, pois em sua maioria, os policiais defendem as leis protegendo a sociedade... — Sócrates asseverou.

Alguns minutos de silêncio e Jéssica afirmou:

— Já sei... Já sei...

— Fale logo, Jéssica; o que você já sabe? — Otelo perguntou curioso.

—Tenho um primo que é jornalista, se entregarmos a ele o arquivo contábil, certamente nada vai dar errado, ele representa a imprensa, com isso todo mundo vai ficar de olho.

— Ótima ideia, Jéssica! Parabéns! — alegrou-se Sócrates.

Todos concordaram com a ideia de Jéssica e decidiram agir assim.

Ficou estabelecido que Sócrates e Jéssica levariam os dados contábeis da gangue dos Vampiros.

Na redação do jornal...

– A história toda é essa, Leonardo, confiamos em você! – afirma Jéssica olhando fixamente nos olhos do primo.

– Pode deixar, Jéssica, eu vou levar esses dados à polícia junto com um fotógrafo, faremos a entrega documentando esse momento. Essa gangue vem comandando o tráfico e a violência em nossa cidade. Vamos acabar com eles.

– E quando você vai fazer isso, Leonardo? – Sócrates indagou.

– Hoje ainda tomarei as providências! Fiquem tranquilos! – o telefone toca e Leonardo vira as costas pra eles.

– Vamos indo, Jéssica!

Sócrates pega na mão da namorada e os dois saem.

***

– Eles acabaram de sair daqui...

– E te entregaram o arquivo?

– Sim, chefe, eles me entregaram os dados com toda a contabilidade...

– Muito bem, destrua esses dados imediatamente...

– Pode deixar, Corvo, vou destruir.

– Não me chame de Corvo pelo telefone, seu idiota!

– Desculpe, chefe... Já estou destruindo os dados...

– Eles não perdem por esperar, serão seguidos na saída do jornal por alguns vampiros.

***

Dentro do ônibus...

– Sócrates, a ideia do Alemão de falar com os primos dele do Rio Grande do Sul para receberem o Andrezinho por um tempo foi fantástica!

– É verdade, assim a poeira abaixa e mais tarde ele pode voltar.

– Nada como o tempo para ajudar...

– Agora eu quero saber é do tempo que você não me beija!

Dizendo isso, o líder dos A.N.J.O.S. envolve Jéssica em um abraço e lhe beija os lábios com carinho.

— Estamos chegando na rodoviária, Jéssica, vamos descer no próximo ponto!

O casal nem suspeita que é seguido por dois motoqueiros.

Na rodoviária, Otelo, Alemão, Nina e Andrezinho aguardam pelos dois.

— Entregaram os dados para o primo da Jéssica? — perguntou Otelo ansioso.

— Sim, tudo certo, agora precisamos esperar alguns dias, mas vamos acompanhar pela imprensa, a bomba vai explodir de hoje para amanhã. — destacou Sócrates.

Pode embarcar com tranquilidade, Andrezinho, e pode confiar no meu primo, ele vai te tratar como um irmão! — incentivou Alemão.

— Não tenho como agradecer vocês...

— Não precisa agradecer, Andrezinho...

— Preciso sim, Nina, vocês estão me devolvendo a vida, logo vou poder andar nas ruas sem medo de ser morto. Quando chegar ao Sul, vou procurar ajuda imediatamente para me livrar dessa tatuagem. — falou emocionado.

Em frente à rampa de embarque, os abraços se sucedem, pois o ônibus estaciona para recolher passageiros e bagagens.

De longe, folheando revistas em uma banca, uma dupla sinistra acompanha o grupo de amigos.

Pelo telefone celular, um dos vampiros recebe a ordem: "Sigam o ônibus e eliminem o traidor na primeira parada para lanche do veículo na estrada."

— E os outros garotos?

— Esqueça-os, já peguei os dados, agora quero que o traidor pague o preço.

— Certo, chefe, pode deixar!

As mãos estendidas em adeuses e os rostos felizes despedem-se de Andrezinho.

Todos voltam para a toca dos A.N.J.O.S..

Na estrada...

— O tempo para o café é de 15 minutos! — avisa o motorista.

Andrezinho, com sede, desce para tomar água e ir ao banheiro.

Os dois vampiros o seguem e, dentro do banheiro masculino, executam as ordens do Corvo, fugindo a seguir.

Jéssica, que conversava animadamente com os amigos, sente uma estranha sensação, e de olhos desmesuradamente abertos, fala:

– O Andrezinho está aqui se despedindo...

Todos se entreolham sem compreender.

– O quê, Jéssica? O que tem o Andrezinho? – segurando nas mãos dela, Sócrates pergunta.

– Estou vendo Andrezinho, ele está aqui se despedindo!

Ela estremece e todos se preocupam.

Imediatamente Alemão liga para o celular do amigo, que não atende.

– Ele não está atendendo, Alemão? – indagou Otelo.

– Chama e ninguém atende! – confirmou Alemão.

– Ele pode estar em uma região de serra, onde o celular fica fora de serviço... – tentou explicar Otelo.

Jéssica, recomposta, tomava um pouco de água.

Nesse instante, o celular do Alemão toca, um nome aparece, "Andrezinho chamando".

– Graças a Deus, é o Andrezinho! – avisa Alemão. – Ainda bem que eu dei um celular pra ele!

– Aqui é o policial Oscar, estou ligando para esse número que peguei na agenda desse celular que se encontrava em poder da vítima.

–Vítima??? – repetiu Alemão.

Todos os A.N.J.O.S., tomados de surpresa, angustiam-se.

– Infelizmente o jovem portador desse celular foi morto por dois homens no banheiro do posto de parada do ônibus em que ele viajava.

Alemão passa o telefone para Sócrates, que anotou todos os dados para que as providências fossem tomadas.

REVELAÇÕES

Mesmo envolvidos pela tragédia da morte de Andrezinho, os A.N.J.O.S. ficaram acompanhando a repercussão da denúncia.

Para estranhamento de todos, nada foi noticiado na mídia.

Em reunião, os A.N.J.O.S. decidiram distribuir cópias dos dados para três órgãos de imprensa, inclusive para o jornal onde o primo de Jéssica trabalhava, mas dessa vez a cópia foi entregue ao chefe dele, acompanhada de uma carta-denúncia contra o jornalista vampiro, que posteriormente foi demitido.

Um conceituado jornalista policial, chamado Laércio, foi quem levou os dados para a polícia.

Imediatamente os homens da lei cercaram a caverna prendendo o Corvo e seus vampiros.

A gangue foi desmantelada finalmente.

***

A morte de Andrezinho foi um trauma para todos, pois a amizade nasceu forte entre eles, mesmo convivendo tão pouco tempo juntos.

Mas o que chamava muito a atenção dos A.N.J.O.S., em particular, surpreendia Alemão, era a reação da mãe dele diante da morte do Andrezinho.

Estranhamente, o pai de Andrezinho, que viera para o enterro do filho, também estava arrasado, ainda se encontrava hospedado em sua casa, e sempre era visto em conversas particulares com dona Rita.

Em um momento em que os A.N.J.O.S. estavam reunidos, dona Rita pediu para Alemão ir com seus amigos para a sala, onde ela e o pai de Andrezinho desejavam lhes falar.

Todos estranharam o convite, mas atenderam na hora.

O pequeno grupo de adolescentes reunidos com os dois adultos esperava com ansiedade.

Dona Rita, chorosa, iniciou a fala:

—Vou falar de um problema familiar, um erro do meu passado que afetou a todos...

— Não é melhor nós sairmos, dona Rita? — perguntou Sócrates.

— Não, prefiro que vocês fiquem aqui, assim eu tento minimizar o remorso que me consome, pedindo perdão ao meu filho na frente de todos os amigos mais queridos dele. Assim, vocês poderão entender para ajudar... — ela interrompe a fala tomada de emoção. — Preciso confessar algo muito grave.

— Mãe, fale logo, assim a senhora me deixa assustado...

— Eu preciso confessar que você e o Andrezinho eram irmãos de verdade...

Os jovens surpreendem-se com a revelação, e ela prossegue:

— Eu e o Afonso tivemos uma aventura antes do meu casamento com seu pai...

Tomando coragem, o pai de Andrezinho fala:

— Foi antes da sua mãe conhecer o seu pai, nós não planejamos nada disso...

— Filho, me perdoe...

— Eu não tenho o que lhe perdoar, mãe... Só lamento pelo meu irmão...

— Mas foi esse meu mais grave equívoco, filho. Eu o reneguei. Quando o Afonso se afastou de mim, deixei o Andrezinho na porta dos pais do Afonso para que eles cuidassem.

— Só que meus pais morreram pouco tempo depois e eu tive que assumir a criação do Andrezinho. Mas a vida nos colocou frente a frente outra vez... — ele também emocionou-se. — Quando mudei para uma casa vizinha à da sua mãe, foi uma surpresa para todos nós. Principalmente quando você e o Andrezinho se tornaram amigos que só queriam brincar juntos. Por isso decidi ir embora para Santos. Lamentavelmente seu pai ouviu uma conversa que tive com sua mãe, ele não compreendeu e infelizmente faleceu acreditando que fora traído.

— Perdão, filho...

— Mãe, eu não tenho o que perdoar, nem ao pai do Andrezinho, já disse que lamento por ele, é só isso. Não vou deixar de te amar por causa disso.

Surpreendendo a todos, Alemão se aproxima da mãe e beija-a de maneira carinhosa, com lágrimas nos olhos, afaga-lhe a cabeça.

Nesse momento a campainha da casa soa e Nina, sensibilizada com a cena, sai para atender.

Em instantes ela volta dizendo:

– Pessoal, é o jornalista policial Laércio junto com outro homem, eles pedem pra falar com todos nós! – antecipando-se, Alemão afirma:

– Mande-os entrar, Nina...

Curiosos, todos se entreolham sem compreender o motivo da visita.

Nina entra na frente conduzindo os recém-chegados.

– Boa tarde a todos, sou o jornalista policial Laércio e este é o investigador Alves.

– Aconteceu alguma coisa? – indaga Sócrates.

O investigador se adianta e responde:

– Fui o responsável pela operação que terminou no desmonte da gangue dos Vampiros. Sei que vocês tentaram ajudar a polícia na solução do problema, mas devo alertá-los que, mesmo imbuídos de boa intenção, não se pode justificar uma atitude errada com outra.

– Não estou entendendo, investigador, o que fizemos de errado? – Otelo interrompe curioso.

– A maneira como a operação foi realizada está errada. – continuou o investigador. – Vocês não podem se portar como *hackers* invadindo o sistema de quem quer que seja...

– Mas eles são traficantes! – interrompeu Otelo mais uma vez.

– Mesmo eles sendo traficantes, a atitude de vocês deflagrou um processo que pode ter levado à morte do Andrezinho.

As afirmações do investigador Alves caíram como uma bomba na cabeça do grupo.

– Não se combate foras-da-lei agindo fora da lei! Vocês deveriam ter procurado a polícia e levado o Andrezinho à presença das autoridades, ele seria incluído no programa de proteção a testemunhas e com isso estaria protegido.

Após essas palavras do investigador, o silêncio se impôs, até que:

– A responsabilidade é minha. – adiantou-se Sócrates com lágrimas nos olhos. – Fui eu o responsável pela operação.

– A responsabilidade é nossa. – interveio Alemão. – Você não fez nada sozinho!

Retomando a palavra, Sócrates afirma:

– Eu disse ao grupo que deveríamos agir com inteligência, sem violência. Mas a nossa inexperiência e precipitação nos levaram a agir assim. Erramos! Peço desculpas!

– É certo que esse grupo de marginais tentaria eliminar o Andrezinho de qualquer maneira, mas teriam mais dificuldades com a polícia envolvida no caso. Pensem nisso, um erro não justifica outro!

– Isso não irá acontecer mais! – Jéssica fala com tom grave na voz.

– Espero que vocês não se envolvam em novas situações como essa! – aconselha o jornalista policial.

– Nós agradecemos a sua orientação, investigador Alves. – estendeu a mão Sócrates, respeitosamente.

Pegando um cartão do bolso do paletó surrado, Alves entrega ao líder dos A.N.J.O.S. e diz:

– Espero que vocês nunca mais se envolvam em situações como essa, mas contem com um amigo se precisarem.

– Obrigada, investigador! – Nina agradeceu sorrindo.

– Era isso, meninos! Não se envolvam mais em situações de risco! Eu tinha que trazer o Alves até aqui para conhecer vocês.

Jornalista e investigador se retiram.

Dona Rita e Afonso nada comentam, pois sentem que os jovens tinham recebido um forte impacto com as orientações recebidas.

A revelação da mãe do Alemão foi absorvida com naturalidade por ele, que comentou com os amigos:

– Demonstrei maturidade com as revelações da minha mãe, mas todos agimos sem o devido cuidado na denúncia da gangue dos Vampiros.

– Aprendemos de maneira dura que devemos agir com inteligência, sem violência, mas respeitando as leis. Como disse o investigador; um erro não justifica o outro.

A·T·É B·R·E·V·E
1·20·5 2·18·5·22·5

Os aplausos eclodem e os atores curvam-se, fazendo o gesto característico de agradecimento.

A peça "Pluft, o Fantasminha" mais uma vez era aclamada, como o maior sucesso dramatúrgico para o público infantil.

Otelo tinha representado com muita leveza o papel do fantasminha que tinha medo de gente.

Muitos pais aproveitaram o domingo para levar os filhos ao teatro. A maioria pela primeira vez.

Todos os A.N.J.O.S. haviam comparecido para aplaudir o amigo Otelo.

Jéssica e Sócrates não se largavam, onde estava um, podia se ter a certeza de que o outro estava por perto.

Após a morte de Andrezinho e da visão que Jéssica teve do amigo se despedindo, o grupo dos A.N.J.O.S. teve a certeza de que outras forças, invisíveis aos olhos humanos, também influenciam a vida das pessoas, seja para o bem ou para o mal.

Essa foi a primeira aventura desse grupo de amigos, que, além de estudarem juntos, adquiriram a consciência de que vivem em uma sociedade, onde todos podem fazer algo pelo bem comum.

Mais tarde...

Reunidos na toca dos A.N.J.O.S., Otelo pega o violão e convida os amigos para cantarem juntos uma música que eles gostam muito.

Alemão, imitando a voz do vocalista do famoso grupo, alegra a todos.

"Ainda que eu falasse
A língua dos homens
E falasse a língua dos anjos
Sem amor, eu nada seria...

É só o amor, é só o amor
Que conhece o que é verdade
O amor é bom, não quer o mal
Não sente inveja
Ou se envaidece

O amor é o fogo
Que arde sem se ver
É ferida que dói
E não se sente
É um contentamento
Descontente
É dor que desatina sem doer...

Ainda que eu falasse
A língua dos homens
E falasse a língua dos anjos
Sem amor, eu nada seria...

É um não querer
Mais que bem querer
É solitário andar
Por entre a gente

É um não contentar-se
De contente
É cuidar que se ganha
Em se perder...

É um estar-se preso
Por vontade
É servir a quem vence
O vencedor

É um ter com quem nos mata
A lealdade
Tão contrário a si
É o mesmo amor...

Estou acordado
E todos dormem, todos dormem
Todos dormem
Agora vejo em parte
Mas então veremos face a face

É só o amor, é só o amor
Que conhece o que é verdade

Ainda que eu falasse
A língua dos homens
E falasse a língua dos anjos
Sem amor, eu nada seria..."

Composição Monte Castelo: Renato Russo
(Recortes do Apóstolo Paulo e de Camões)

Após a música, todos colocam a mão direita uma sobre as outras, e dizem em uma única voz:

– A.N.J.O.S.!!!

O que o futuro reserva a esse grupo de jovens, ninguém sabe, mas eles agora reconhecem a força que têm quando resolvem ajudar alguém.

Jéssica procurou estudar o Espiritismo com a professora Alice, chegando a participar de um centro espírita e fazendo parte de um grupo de jovens que educava suas potencialidades mediúnicas.

Os A.N.J.O.S. interessaram-se pelo assunto e o conhecimento das verdades e leis espirituais, que certamente os ajudarão no auxílio de outros jovens.

Como eles utilizarão esses conhecimentos, nós ainda iremos saber.

AVENTURA
2

Romeu & Julieta

SONETO 17

Se te comparo a um dia de verão
És por certo mais belo e mais ameno
O vento espalha as folhas pelo chão
E o tempo do verão é bem pequeno.

Às vezes brilha o Sol em demasia
Outras vezes desmaia com frieza;
O que é belo declina num só dia,
Na terna mutação da natureza.

Mas em ti o verão será eterno,
E a beleza que tens não perderás;
Nem chegarás da morte ao triste inverno:

Nestas linhas com o tempo crescerás,
E enquanto nesta terra houver um ser,
Meus versos vivos te farão viver.

William Shakespeare

A PRIMEIRA VEZ A GENTE NUNCA ESQUECE

"ME FIZ EM MIL PEDAÇOS
PRA VOCÊ JUNTAR
E QUERIA SEMPRE ACHAR
EXPLICAÇÃO PRO QUE EU SENTIA
COMO UM ANJO CAÍDO
FIZ QUESTÃO DE ESQUECER
QUE MENTIR PRA SI MESMO
É SEMPRE A PIOR MENTIRA..."

LEGIÃO URBANA

Otelo estava deitado na rede, na varanda de sua casa, com os fones do MP3 no ouvido, pra variar, curtia Legião Urbana...

Nas favelas, no senado
Sujeira pra todo lado
Ninguém respeita a Constituição
Mas todos acreditam no futuro da nação

Que país é esse?
Que país é esse?
Que país é esse?

No Amazonas, no Araguaia iá, iá,
Na Baixada Fluminense
Mato Grosso, Minas Gerais e no
Nordeste tudo em paz

Na morte, eu descanso, mas o
Sangue anda solto
Manchando os papéis e documentos fiéis
Ao descanso do patrão

Que país é esse?
Que país é esse?
Que país é esse?
Que país é esse?

Terceiro mundo, se for
Piada no exterior
Mas o Brasil vai ficar rico
Vamos faturar um milhão
Quando vendermos todas as almas
Dos nossos índios num leilão

Que país é esse?
Que país é esse?
Que país é esse?

Com o celular no bolso da bermuda, ele foi resgatado do mundo dos pensamentos pela vibração do telefone.

Assoviando conforme o ritmo da música, ele leu a mensagem:

22 – 15 – 3 – 5   14 – 1 – 15   22 – 1 – 9   22 – 15 – 20 – 1 – 18?

Uma mensagem do Alemão no código secreto dos A.N.J.O.S..

Ele havia esquecido que tinha prometido ir votar junto com o grupo.

Era dia de eleição municipal, e a cidade elegeria um novo prefeito.

"Novo?" – Otelo se indagava:

A cidade, há anos, sofria com a disputa entre as famílias mais poderosas do lugar, os Capuleto e os Montecchio – dois clãs poderosos que se revezavam no poder.

Quem se elegesse para prefeito deveria também conseguir o maior número de vereadores para poder realizar os projetos desejados. E a maioria dos candidatos à câmara municipal pertencia às duas famílias.

Durante algum tempo, eles viveram em paz, mas desde a última eleição, a situação se agravou e crimes foram praticados de ambos os lados.

A cidade passava por um momento difícil, os Capuleto estavam no poder e uma onda de situações sinistras envolvia o nome do atual prefeito.

Enquanto Otelo teclava a resposta para o Alemão, dizendo que o encontraria no Colégio Monteiro Lobato para votar às duas da tarde, seguia pensando: "O clima de disputa eleitoral chegou dentro da sala de aula, pois Romeu Montecchio, vindo de outra escola, acabou caindo na mesma classe que Julieta Capuleto, ou seja, a classe do grupo A.N.J.O.S.".

Alguns boatos corriam que Romeu se apaixonou por ela, e logo depois foi dispensado pela garota.

Sempre que ele entrava na classe, ocorriam alguns comentários.

Dentro da classe, não havia nenhuma disputa entre Romeu e Julieta, mas sempre pintava um clima estranho nas aulas de história e geografia.

Quando o tema da aula era política, Romeu não perdia a oportunidade de cutucar os Capuleto.

Os meses se passaram e finalmente chegou o dia da eleição.

Era a primeira vez que os A.N.J.O.S. iriam votar, todos tiraram o título de eleitor e participariam do processo eleitoral.

Estavam loucos para mudar o quadro político da cidade, todos estavam cansados de ver os Capuleto e os Montecchio se revezando na prefeitura.

Isso tinha que mudar e, se dependesse do voto deles, a mudança aconteceria.

Naquele ano, o colégio Monteiro Lobato foi escolhido como uma seção eleitoral.

Toda a galera que estudava na escola e que podia votar tinha gostado da ideia.

Otelo desligou seu MP3, tirou o fone de ouvidos e foi se trocar para encontrar a turma na seção eleitoral.

— Então, Alemão, cadê o Otelo? — perguntava Nina beijando o rosto do amigo.

– Daqui a pouco ele chega, acabei de passar uma mensagem pra ele.

– Estou ansiosa!

– Eu também, Nina, tô sentindo uma sensação muito legal, como se eu mandasse na cidade!

– Se existe um dia em que a gente manda, é na eleição. – ela afirma sorrindo.

– Olha lá quem está vindo... – dizendo isso, Alemão aponta na direção de Jéssica e Sócrates, que entram pelo portão da escola de mãos dadas.

– Olá, turma! – cumprimentou Sócrates.

–Tudo legal? – Jéssica faz o mesmo.

Todos se abraçam e Sócrates diz:

–Vamos esperar o Otelo para entrar?

–Vamos sim, logo ele chega... – fala Nina sorrindo.

–Todo mundo com o título de eleitor na mão? – indaga Jéssica.

– Lógico, você acha que vou perder uma chance dessas? – diz Alemão batendo no bolso da camisa.

– Gente, olha a Julieta chegando pra votar! – indica Sócrates.

Os quatro A.N.J.O.S. ficam em suspense e curiosos, Julieta se aproxima e diz:

– E aí, galera, tudo certo?

CAPULETO X MONTECCHIO

Amo-te tanto, meu amor... não cante
O humano coração com mais verdade...
Amo-te como amigo e como amante
Numa sempre diversa realidade.

Amo-te afim, de um calmo amor prestante
E te amo além, presente na saudade.
Amo-te, enfim, com grande liberdade
Dentro da eternidade e a cada instante.

Amo-te como um bicho, simplesmente
De um amor sem mistério e sem virtude
Com um desejo maciço e permanente.

E de te amar assim, muito e amiúde
É que um dia em teu corpo de repente
Hei de morrer e amar mais do que pude.

Vinícius de Moraes

– Tudo legal, Ju! – antecipa-se Nina na resposta.

– Como estão as coisas? – Alemão quer saber.

– Tudo bem. – Julieta responde, sorrindo. – Estou ansiosa, é minha primeira vez como eleitora.

– Não precisa nem dizer em quem vai votar. – falou Otelo, que vinha chegando e ouviu o comentário de Julieta.

– Em quem você acha que vou votar, Otelo?

– No candidato dos Capuleto, é lógico! – ele afirma com convicção.

– Olha que você pode estar enganado...

– Você não teria coragem de votar nos Montecchio, teria?

– Nina, não existem apenas Montecchio e Capuleto na disputa, sabia? – provocou Julieta com ironia. – E quer saber? Tô cansada dessa disputa política idiota entre duas famílias!

Nesse instante, todos ficam em suspense, pois Romeu Montecchio se aproxima chegando a ouvir as últimas palavras de Julieta.

– Não é disputa idiota! É disputa de ideias...

– Galera... Futebol, religião e política a gente não discute. Cada um tem uma opinião e cada opinião a gente tem que respeitar. – Sócrates fala procurando desfazer qualquer clima ruim.

Julieta olha para Romeu de cima para baixo e sai pisando duro.

– Parece que o clima entre vocês não é muito bom, não é? – diz Jéssica sorrindo.

– Parece que a disputa já começou entre os eleitores. – fala Alemão brincando.

– Galera, quem é que vai ao baile de máscaras promovido pelo grêmio estudantil no próximo sábado? – indagou Nina.

– Tô nessa! – Romeu confirma sorrindo.

– Também! – imita Otelo.

– Idem... Idem!... – comenta Alemão.

– Não vamos perder de jeito nenhum essa festa, vai ser muito legal, não é, amor? – Jéssica indaga a Sócrates.

– Sim, com certeza! Vai ser muito interessante! Um baile de máscaras na escola!

– E então, vamos votar? – Alemão convoca os amigos.

–Vamos nessa! – esfrega as mãos Otelo.

E toda a galera vai para a fila, confere a sala de votação e vota pela primeira vez.

Após a votação, todos se encontram e partem para a casa do Alemão para um bate-papo, menos o Romeu.

Lá chegando...

– Então, Jéssica... – fala Nina com a amiga. –Você continua a ter aqueles sonhos?

– Continuo e, para minha surpresa, esta noite sonhei com o Andrezinho.

– Puxa vida, Jéssica, conta logo como foi esse sonho, quero saber, como é sonhar com quem morreu? – Alemão quis saber emocionado.

– Na verdade não foi um sonho, foi um encontro.

– Como assim, Jéssica? Qual a diferença de um sonho para um encontro com alguém que já morreu? – pergunta Otelo.

– Explica para ele, Jéssica, o que você vem aprendendo na reunião de estudos da casa espírita. – incentiva Sócrates.

– Os sonhos, em sua maioria, são uma sequência de cenas confusas que a gente lembra muito pouco. Os encontros espirituais são marcantes e nós interagimos com aqueles que encontramos.

– É uma coisa muito louca isso! – Alemão afirma.

– Explica melhor, Jéssica! Pode ser?

–Vou tentar, Nina! É assim, quando a gente dorme, o espírito sai do corpo e acaba entrando em contato com outros espíritos, entende?

– Mais ou menos... – Nina coça a cabeça, confusa.

–Todos nós somos espíritos vivendo em um corpo físico e, quando adormecemos, entramos em contato com outros espíritos.

– Mortos ou vivos? – indaga Alemão.

–Todos estão vivos, Alemão, só que uns ainda estão encarnados, outros já deixaram o corpo de carne.

– E o que o Andrezinho disse para você? – pergunta Nina curiosa.

Jéssica se emociona, e todos percebem seus olhos lacrimejantes.

Ela ainda aguarda alguns segundos, como se vasculhasse os pensamentos em busca das lembranças.

– Ele agradeceu a todos nós pela força e disse que, sempre que fosse possível, estaria ao nosso lado.

Otelo arregalou os olhos e, olhando para os lados, disse:

– Ao nosso lado, lado mesmo?

– Sim, ao nosso lado mesmo! – confirmou Jéssica agora sorrindo.

– Pessoal! – tomou a palavra Sócrates. – Pelas coisas que nós já passamos, todos puderam comprovar que nossos olhos não enxergam outras realidades e dimensões. A Jéssica é uma antena que capta essa realidade. As pessoas que têm essa capacidade são chamadas médiuns, nem todo mundo sente da mesma forma.

– Vixe! – diz Otelo. – Estou arrepiado com esse papo.

– Continuando... – retoma a palavra Sócrates. – A Jéssica sente e percebe coisas que a maioria não percebe.

– Irado isso!

– É irado mesmo, Nina, mas a gente tem que manter a cabeça numa boa pra poder ficar em paz.

– Como assim, Jéssica?

– Funciona assim: se meus pensamentos estiverem tranquilos, numa boa, eu capto coisas legais, vibrações de harmonia.

– E se sua cuca estiver detonada? – pergunta Otelo.

– É melhor tratar de colocá-la em ordem, caso contrário, eu fico péssima, sentindo coisas muito desagradáveis. Vocês lembram que eu tinha pesadelos horríveis, tipo monstro e pessoas estranhas me perseguindo?

– Lembro sim, e daí? – quer saber Alemão.

– Era assim, eu não conseguia dominar muito bem minha cabeça. Sentia coisas estranhas, uma tristeza repentina que vinha do nada. Um medo esquisito sem saber do quê. Sonhava com gente estranha e ficava com o sentimento deles em meu coração e em minha mente.

– É irado mesmo! – repetiu Nina.

– Aos poucos estou conseguindo dominar isso, mas é preciso ler muito sobre o assunto, estudar para poder entender.

– Fale das ideias de suicídio pra eles, das vozes! – pediu Sócrates.

Soneto de Maior Amor

Maior amor nem mais estranho existe
Que o meu, que não sossega a coisa amada
E quando a sente alegre, fica triste
E se a vê descontente, dá risada.

E que só fica em paz se lhe resiste
O amado coração, e que se agrada
Mais da eterna aventura em que persiste
Que de uma vida mal aventurada.

Louco amor meu, que quando toca, fere
E quando fere vibra, mas prefere
Ferir e fenecer – e vive a esmo.

Fiel à sua lei de cada instante
Desassombrado, doido, delirante
Numa paixão de tudo e de si mesmo.

Vinícius de Moraes

– Suicídio? Vozes? – os quatro perguntaram em uma única voz.

– Eu nunca quis contar essas coisas antes pra vocês, porque eu mesma não entendia o que acontecia comigo. Tinha medo de me chamarem de maluca.

– Nossa, Jéssica, quanto mais você fala sobre o assunto, mais irado fica! Continue! – pediu Alemão.

– Durante um tempo em minha vida, eu ficava triste de manhã, alegre à tarde, revoltada à noite; eu ouvia vozes. Alterava meu comportamento a todo instante, minha cabeça era uma confusão.

– E o que as vozes diziam? – pergunta Nina de boca aberta.

– Falavam pra eu me suicidar.

– Que trevas! – diz Alemão.

– Sinistro! – afirma Otelo.

– Loucura! – fala Nina.

– Deixe a Jéssica falar, pessoal! – pede Sócrates.

– Eu ouvi vozes, gargalhadas e via coisas estranhas, eu me sentia uma "ET". Mas depois comecei a aprender com a professora Alice, tudo começou a melhorar.

– Você parou de ver coisas estranhas? – indaga Nina.

– Eu ainda vejo espíritos, mas estou aprendendo como tudo acontece, isso faz a diferença.

– Explica melhor, Jéssica! – pede Sócrates.

– Vou dar um exemplo. Quando eu peguei, pela primeira vez, a tabela periódica na aula de química, fiquei assustada e com medo. Mas depois que aprendi a usá-la, o medo foi embora. Nenhuma massa atômica me assusta mais. Quando a gente aprende, o medo sai da nossa vida.

– Hummm... hummm...! – Nina balança a cabeça positivamente.

– Parece coisa de filme! – fala Otelo coçando a cabeça.

– Eu fico pensando em quantos jovens passam por essas situações e são tratados como loucos. Deve ter um monte por aí.

– Tem razão, Sócrates, já ouvi algumas histórias iradas sobre assuntos de espíritos e essas coisas.

– Pois é, Alemão, quanta coisa a gente desconhece!

– "Existem mais coisas entre o céu e a Terra do que sonha nossa vã filosofia". – fala Otelo com ares de filósofo.

– De quem é essa frase, Otelo? – indaga Alemão.

– É de Shakespeare!

– Nossa! Tá com tudo, hein, Otelo? – brinca Nina.

– Essa é fácil, né? Se eu, que adoro teatro, não soubesse, quem é que saberia?

– Galera, e o baile de sábado? Todo mundo já tem roupa e máscara para ir? – Jéssica pergunta sorrindo.

– Eu já arrumei a minha roupa! – afirma Alemão.

– E você vai vestido de quê?

– Não posso falar, Otelo, a graça desse baile está em ninguém se reconhecer, esse é o clima.

– O Alemão tem razão, eu também não vou contar como vou vestida, senão perde a graça. Quero que os garotos não me reconheçam!

– Eu e o Sócrates vamos juntos, mas não vamos contar pra vocês qual a nossa fantasia. – diz Jéssica com humor.

– O legal dessa festa é que podemos ir fantasiados, mas só usa máscaras quem quiser.

– É verdade, Sócrates, vai ser muito legal.

A conversa rola por muito tempo, provando que os A.N.J.O.S. estão mais do que unidos.

No baile...

Em frente ao clube, alugado pelo grêmio estudantil, os carros não paravam de chegar, deixando os estudantes devidamente fantasiados para o grande baile de máscaras.

Em um canto do grande salão, *Batman* e a Mulher Gato ficam o tempo todo de mãos dadas.

O Homem de Ferro se aproxima e diz:

– Eu sabia que *Batman* e Mulher Gato seriam sinônimos de Sócrates e Jéssica!

– Nem o seu disfarce de Homem de Ferro faz com que sua voz mude, Alemão! – afirma Sócrates caindo na gargalhada.

— Meus poderes não dão para tanto, não é, Sócrates! — ele fala desconcertado.

— Ei, pessoal! — fala Jéssica apontando. — Olha quem vem lá...

— Mas o que é isso? — pergunta Alemão ao recém-chegado.

— Um por todos e todos por um! — fazendo reverência com o enorme chapéu com penas, ele diz: — Sou D'Artagnan de *Os Três Mosqueteiros*. A seu dispor!

Todos riem com a fantasia de Otelo.

— Esse deveria ser o nosso lema, pessoal!

— Que lema, Otelo? — pergunta Sócrates.

— "Um por todos e todos por um."

— Xi! — alerta Alemão. — Esqueceu que somos um grupo secreto?

Sem graça, Otelo afirma:

— D'Artagnan pede desculpas!

A Mulher Maravilha se aproxima do grupo sorrindo.

— Nina, você está linda! — elogia Jéssica.

— Obrigada, Mulher Gato, mas me chame de Mulher Maravilha, pois estou em missão agora.

— Que missão? — Otelo ri indagando.

— Minha missão é dançar com um cavalheiro feito D'Artagnan!

O baile começa e a Mulher Maravilha parte para o ataque, pegando D'Artagnan pela mão e dirigindo-se ao centro do salão.

Provocativa, Jéssica, ou melhor, a Mulher Gato com suas enormes unhas, arranha o braço do *Batman* chamando-o para dançar.

As luzes piscam no enorme salão, alegrando a todos.

A música embala a galera e Alemão, ou melhor, o Homem de Ferro se balança ao som dançante.

— Olá, Homem de Ferro! — a bela voz vinha dos lábios lindos da heroína *Spider-Woman*.

— Nossa, Mulher Aranha, como você está linda!

—Vamos balançar essa roupa de ferro? — ela convida sorrindo.

— Só se for agora!

A fantasia de Alemão fazia enorme barulho quando ele se movimentava, mas nem isso o impediu de sair dançando com a linda *Spider-Woman*.

Uma seleção de músicas agitou o ambiente por alguns minutos, todos dançavam alegremente.

Depois de um tempo, uma pausa no som.

Os personagens fantasiados procuraram um suco ou refrigerante para se refrescar.

De repente, a entrada de um garoto fantasiado do super-herói *Wolverine* chamou a atenção de todos.

A *Spider-Woman*, que ninguém descobriu quem era, comentou com a Mulher Maravilha:

— Como ele ficou lindo de *Wolverine*! Quem será esse garoto?

— Não gostei do comentário, vocês não vão gostar de me ver com ciúme! — ironiza o Homem de Ferro.

Uma seleção de músicas românticas inicia e, atraído pela beleza da *Spider-Woman*, o herói *Wolverine* aproxima-se e leva-a para dançar.

Os dois colocam-se no meio do salão e não conseguem mover os corpos, pois os olhos de ambos dançavam em órbita um do outro.

As músicas sucederam-se e eles não se largavam.

Nenhuma palavra saía dos lábios, entretanto os olhos não paravam de tagarelar.

As mãos não cessavam de falar através de gestos carinhosos.

Um dentro dos olhos do outro, então resolveram se falar num beijo.

Um beijo longo e apaixonado.

Os corações falaram sem que as bocas dissessem nada.

De mãos dadas, os dois super-heróis renderam-se ao amor, que nasceu em um baile de máscaras.

O amor verdadeiro fica como tatuagem no coração, marca pra sempre a alma dos que se amam.

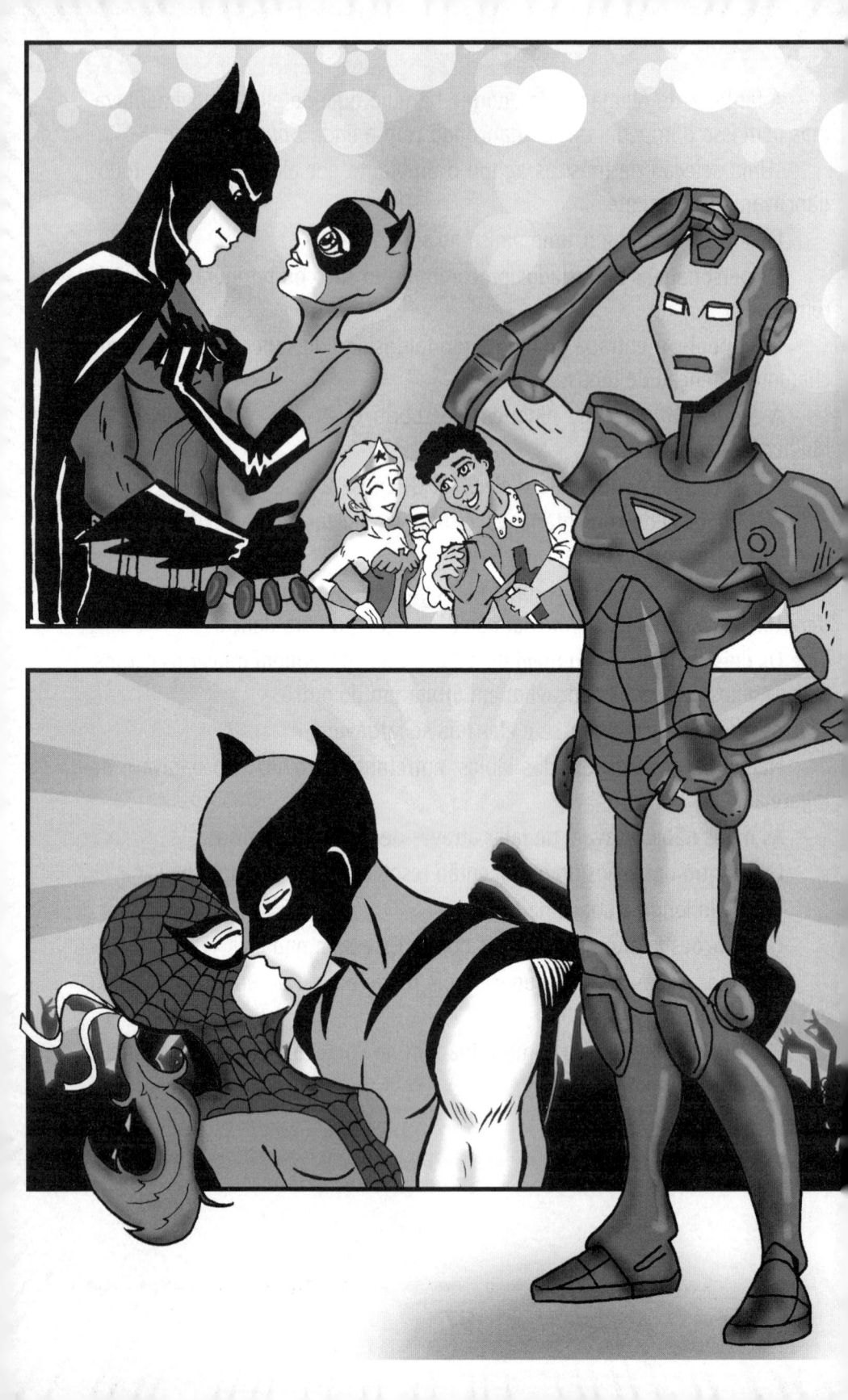

O AMOR É LINDO PARA QUEM AMA

Fanatismo

Minh'alma, de sonhar-te, anda perdida
Meus olhos andam cegos de te ver!
Não és sequer razão do meu viver,
Pois que tu és já toda a minha vida!

Não vejo nada assim enlouquecida...
Passo no mundo, meu amor, a ler
No misterioso livro do teu ser
A mesma história tantas vezes lidas!

"Tudo no mundo é frágil, tudo passa..."
Quando me dizem isto, toda a graça
Duma boca divina fala em mim!

E olhos postos em ti, vivo de rastros:
"Ah! Podem voar mundos, morrer astros,
Que tu és como Deus: princípio e fim!..."

Florbela Espanca

— Prepare-se, *Wolverine*, vou te afogar em minhas mágoas! Vou pintar suas garras com esmalte "vermelho paixão", pra você aprender a não roubar o amor de um herói. — Alemão, já sem a máscara do Homem de Ferro, fala em tom de brincadeira.

Os dois se aproximam.

— Agora vamos descobrir quem é quem nesse baile! — brinca Sócrates sem a máscara do *Batman*.

Spider-Woman e *Wolverine* se olham apaixonadamente e, virando-se de frente um para o outro, se beijam carinhosamente.

Após o beijo, *Spider-Woman* retira a máscara e se mostra.

Era Julieta que se revelava.

Wolverine não contém o espanto e, sorrindo, tira também sua máscara.

—Vixi! — admira-se Nina. — É o Romeu Montecchio!

Romeu e Julieta ficam se olhando sem uma única palavra, os olhos voltam a brilhar e falam sozinhos.

Eles se abraçam.

Durante o baile, eles não desgrudam, beijam-se e abraçam-se inúmeras vezes.

— E agora, pessoal? — pergunta Alemão.

— E agora?! Parece que aquelas diferenças ficaram para trás e o amor falou mais alto, quer dizer, gritou mais alto. — comenta Jéssica.

— E como gritou, os dois não se largam, olhe lá! — aponta Sócrates.

—Vou dar *kryptonita* pra ele! — adverte Alemão.

— Se liga, Alemão, *kryptonita* é o ponto fraco do Super-Homem e não do *Wolverine*.

— Esquece, pensei que ia me dar bem hoje, mas pelo jeito...

— Não esquenta, Alemão... — tenta animá-lo Jéssica.

— Está certo, quem é que ia querer se envolver com uma mulher que solta teias de aranha? — Alemão diz sorrindo.

Todos riram com a piada do Homem de Ferro.

— Pelo menos um Capuleto gosta de um Montecchio! — alerta Nina.

— Isso é verdade, mas será que eles vão ficar bem com essa rixa entre as famílias?

– Isso a gente vai saber em breve, assim que todo mundo souber que eles estão juntos! – diz Sócrates.

O resultado da eleição dá a vitória à família Montecchio, o clima fica mais tenso na cidade.

Julieta e Romeu são vistos na escola e em lugares públicos de mãos dadas e assumem publicamente o amor que sentem um pelo outro.

Três meses depois...

Em casa, Julieta enfrenta as primeiras lutas:

– Eu não posso aceitar que uma filha minha ande ao lado de um Montecchio! – advertia o pai dela, irritado.

– Eu não tenho nada a ver com a briga entre as nossas famílias! – ela tenta argumentar.

– Isso é uma vergonha para os Capuleto...

– Papai, amar alguém não é sinal de vergonha... Eu e o Romeu temos um laço a nos unir... – o pai a interrompe:

– Estou falando com você, cale-se! – ele grita encolerizado.

– O senhor não está falando, está gritando...

Tomado pela cólera, o pai de Julieta ergue a mão e bate em seu rosto com força.

Ela sente uma dor profunda em seu coração, a dor na face é suportável, mas a dor em sua alma é marcante.

Sua mente fica tumultuada, e nervosa, ela desmaia.

Atendida pela mãe, depois de minutos, ela desperta em sua cama e ouve o pai a dizer:

– Vamos mandá-la para os Estados Unidos, eu pago o que for preciso, mas não quero ver minha filha desonrando a nossa família ao lado de um Montecchio.

Submissa, a mãe de Julieta concorda balançando a cabeça.

– Ela vai ter uma boa formação e, ainda por cima, livro-me dessa vergonha de ter o sangue dos Capuleto contaminado pelos vermes Montecchio.

***

— Mãe, eu amo a Julieta!

— Eu entendo, meu filho, seu pai é que não vai entender isso!

— Faço qualquer coisa para não me separar dela... Agora temos um laço de vida e amor que nos une.

— Quando seu pai souber, não vai te dar trégua...

— Se for preciso, eu saio de casa!

— Não repita uma bobagem dessas! Você é filho único e seu pai já pensou em tudo para que você o suceda nos negócios...

— Eu não quero ficar no lugar dele, fazendo as coisas que ele faz...

— Não diga isso, meu filho, ele só pensa no melhor para o seu futuro...

— Ele só pensa no futuro dele, e não no meu...

— Ele te ama!

— Ele ama a carreira política dele, e ele nunca me perguntou o que eu quero para a minha vida. Ele só sabe fazer o que interessa para a vida dele, pra mim ele não tem tempo.

— Não seja injusto, meu filho, ele é seu pai.

— Então me apresente a ele: "Montecchio, este é seu filho, Romeu. Romeu, este é seu pai."

— Mas, filho...

Romeu se afasta da mãe e sai chorando.

Como ele gostaria de abraçar seu pai, mas o pai vivia abraçado ao trabalho, à política.

Sua mãe fazia de tudo para botar panos quentes em todas as situações.

PREMONIÇÃO

Amar!

Eu quero amar, amar perdidamente!
Amar só por amar; Aqui... Além...
Mais Este e Aquele, o Outro e toda a gente
Amar! Amar! E não amar ninguém!

Recordar? Esquecer? Indiferente!...
Prender ou desprender? É mal? É bem?
Quem disser que se pode amar alguém
Durante a vida inteira é porque mente!

Há uma primavera em cada vida:
É preciso cantá-lá assim florida,
Pois se Deus nos deu voz, foi pra cantar!

E se um dia hei de ser pó, cinza e nada
Que seja a minha noite uma alvorada,
Que me saiba perder... pra me encontrar...

Florbela Espanca

Jéssica acorda transpirando no meio da noite e se levanta assustada, "Romeu Montecchio vai morrer!"

Olha no relógio: 3h45min da madrugada.

Ela pega o celular e envia uma mensagem a Sócrates, quem sabe ele está acordado.

Sócrates voltava do banheiro e ouviu o tom de mensagem em seu celular, que estava sobre o criado-mudo.

Pega o aparelho e lê: "Amor, estou com medo. Tive uma premonição."

"Posso te ligar?" – ele respondeu à mensagem.

"Liga logo."

– Amor, o que aconteceu?

Ela chora.

– Não chore, Jéssica, fique tranquila pra me contar o que está acontecendo.

Ela para de soluçar e diz com voz entrecortada pela emoção:

– Eu vi... alguém morrer...

– Como assim?

– Eu vi... – ela tenta se controlar. – Alguém que nós conhecemos... morto...

– Quem, Jéssica, quem você viu morto?

– Romeu... Romeu Montecchio...

– O quê?

– Eu o vi morto...

Sócrates conhecia Jéssica muito bem e sabia que as premonições dela já haviam se confirmado várias vezes. Só que dessa vez a situação era grave, pois se tratava da vida de alguém próximo a eles.

– Eu vou agora pra sua casa...

– Não precisa, amor...

– Você vai conseguir dormir?

– Depois desse sonho, vai ser um pouco difícil dormir agora...

– Então me espere, estou indo pra sua casa. Envio mensagem quando estiver chegando.

Ela não disse mais nada, permitiu-se o egoísmo amoroso, aquele egoísmo que quer o amor ao lado nos momentos difíceis.

Sócrates arrumou-se, pegou sua *bike* e foi o mais rápido que pôde para a casa da sua garota.

Assim que chegou, os dois se abraçaram e ela contou-lhe com detalhes o que tinha visto.

– Você não viu de que maneira ele morre?

– Não consegui ver como, vi apenas ele morrendo!

– Precisamos falar com ele... – diz Sócrates.

– Falar o quê? "Olha, Romeu, não me leve a mal, mas eu sonhei com sua morte!" Ele vai me chamar de maluca.

– Tem razão, Jéssica! A situação é muito louca mesmo.

– É melhor conversarmos com os A.N.J.O.S., quem sabe todos juntos, pensemos em algo. Talvez eu esteja sendo vítima de alguma alucinação.

– E se não for alucinação, Jéssica?

– Está certo, mesmo que a gente pague o mico, é melhor prevenir.

– Isso mesmo! Venha, deite-se aqui no meu colo e tente dormir um pouco.

Ela o beija com carinho e deita-se, colocando a cabeça no colo dele.

Ali ela adormece, com os carinhos feitos em seus cabelos.

Às 6h30min o celular dele desperta.

Ele acaricia a cabeça dela e diz:

– Amor, vamos à escola. Vou passar a mensagem, no código de emergência dos A.N.J.O.S., para nos reunirmos na escola e pensarmos em algo sobre o seu sonho.

A mãe de Jéssica aparece na sala e diz:

– O que aconteceu?

– Nada demais, mãe. Tive um pesadelo e liguei para o Sócrates, que veio ficar comigo.

– Você e esses pesadelos, menina, quando é que isso vai acabar? Vão lavar o rosto, que vou preparar um café pra vocês!

– Obrigado...

– Não precisa agradecer, Sócrates, daqui a pouco está pronto!

Jéssica sai para se arrumar e Sócrates passa a mensagem para os outros A.N.J.O.S.:

1 – 14 – 10 – 15 – 19

Eles tomam café em silêncio. Cada qual mergulhado nos próprios pensamentos sobre o mesmo assunto.

Terminam o café e se despedem da mãe de Jéssica.

De mãos dadas, chegam à escola, o sinal da primeira aula já havia ecoado pelos corredores do colégio.

A professora Alice, de química, ainda não havia entrado na classe.

Nina, Alemão e Otelo discretamente sinalizam uns para os outros, dando a entender que receberam a mensagem secreta para a reunião dos A.N.J.O.S..

A professora entra na sala e é recebida com muita alegria pelos alunos.

Alice era a professora mais popular do Colégio Monteiro Lobato, sua dedicação e amizade pelos alunos era sua marca registrada.

A matéria, tida como chata por alguns, com ela era bem aceita e todos tinham prazer em aprender.

Naquele dia era aula dupla: a primeira aula, teórica, e a segunda seria prática no laboratório da escola.

A aula transcorria naturalmente e o assunto era muito interessante.

— Supostamente, o cianureto foi muito utilizado em suicídios na Segunda Guerra Mundial, por espiões de ambos os lados do conflito, que, ao se verem cercados por forças inimigas, optavam por tirar a própria vida para não serem capturados. A ingestão de uma dose de 0,5 a 1 mg seria suficiente para matar instantaneamente um adulto. Nos campos de extermínio alemães da Segunda Guerra Mundial, foi usado um gás tóxico à base de cianureto, conhecido como *Zyklon B* ("Ciclone B"), nas câmaras de gás. Criado originalmente como um pesticida para a eliminação de piolhos e pulgas, o *Zyklon B* acabou sendo usado para o extermínio de seres humanos. Acredita-se que o próprio Adolf Hitler tenha se suicidado com uma dose de cianureto, no fim da Guerra, mas a verdade sobre o suicídio nunca foi totalmente elucidada. Alguém deseja fazer alguma pergunta?

— Professora Alice, o cianureto também pode ser encontrado na mandioca? – indagou Jonas, um dos alunos.

—Também conhecida como aipim e macaxeira, a mandioca é originária da América do Sul e, na época da colonização europeia, fazia parte da alimentação básica dos indígenas. Existe um tipo de mandioca, chamada "brava", que possui grande quantidade de ácido cianídrico ou cianureto, uma substância tóxica, que, se ingerida, pode provocar a morte. Com esse tipo de mandioca, é aconselhável que se faça farinha, pois o cianureto é volátil e evapora no processo de torrefação, deixando de oferecer riscos.

– Nossa, professora, então é possível que algumas pessoas tenham morrido com a ingestão de mandioca?

– Infelizmente sim, houve um caso muito triste nas Filipinas, onde 25 crianças morreram após comerem a mandioca brava. Esse tipo de mandioca precisa de um preparo especial para se evitar que algo aconteça.

Como o assunto era muito interessante, a primeira aula terminou sem que ninguém percebesse o caminhar do relógio.

O sinal toca e a professora avisa:

– Peguem o material e vamos para o laboratório! Jéssica, por favor, vá à secretaria e pegue a chave do laboratório, eu esqueci de pegar quando passei pela sala dos professores. Você pode me fazer esse favor?

– Sim, professora, já estou indo!

Os alunos rapidamente se dirigiram ao laboratório e, do lado de fora, esperavam pela chave que Jéssica tinha ido buscar.

Alice conversava com alguns alunos em frente à porta, quando Jéssica chegou:

– Aqui está, professora!

– Obrigada, Jéssica, vamos entrar... Estranho... – fala Alice enquanto coloca a chave na fechadura.

– O que é estranho, professora? – pergunta Sócrates.

– A porta não está trancada, alguém a deixou aberta!

Ela empurra a porta e acende a luz.

Nina antecipa-se entrando no laboratório e grita horrorizada.

Otelo se adianta e, vendo a cena, pede a todos que saiam, afastando Nina.

A maioria dos alunos ainda consegue ver o quadro doloroso.

Caídos no chão, de mãos dadas, estão Romeu e Julieta.

Sócrates se aproxima e verifica que Julieta está viva, mas percebe que Romeu Montecchio está morto.

Jéssica coloca as mãos sobre a cabeça e recorda-se imediatamente do sonho da noite anterior.

Recomeçar

Te desejo uma fé enorme.
Em qualquer coisa, não importa o quê.
Desejo esperanças novinhas em folha, todos os dias.
Tomara que a gente não desista de ser quem é por nada
nem ninguém deste mundo.
Que a gente reconheça o poder do outro sem esquecer do nosso.
Que as mentiras alheias não confundam as nossas verdades,
mesmo que as mentiras e as verdades sejam impermanentes.
Que friagem nenhuma seja capaz de encabular o nosso calor
mais bonito.
Que, mesmo quando estivermos doendo, não percamos
de vista nem de sonho a ideia da alegria.
Tomara que apesar dos apesares todos, a gente continue tendo
valentia suficiente para não abrir mão de se sentir feliz.
As coisas vão dar certo.
Vai ter amor, vai ter fé, vai ter paz – se não tiver, a gente inventa.
Te quero ver feliz, te quero ver sem melancolia nenhuma.
Certo, muitas ilusões dançaram.
Mas eu me recuso a descrer absolutamente de tudo, eu faço
Força para manter algumas esperanças acesas, como velas.
Que seja bom o que vier, pra você.

Caio Fernando Abreu

A polícia é chamada e logo chega à escola.

A direção do colégio dispensa todas as classes, menos a classe da professora Alice.

O delegado deseja ouvir todos os alunos que entraram no laboratório.

A ambulância também chega e presta os primeiros socorros ao casal, infelizmente se constata a morte de Romeu.

Julieta é levada com vida para ao hospital.

Enquanto os alunos aguardam dentro da classe para serem interrogados pelo delegado, surge na porta da sala de aula um personagem conhecido do grupo A.N.J.O.S..

— Sócrates... Posso falar com você? — indaga o homem que chega à porta.

Sócrates e todo o grupo A.N.J.O.S. reconhecem o recém-chegado. Era o investigador Alves, o mesmo que desmantelou a gangue dos Vampiros.

Com certa ironia nas palavras, o investigador diz:

— Mas você e seu grupo só vivem às voltas com casos misteriosos, não é?

— Investigador Alves, pra gente é uma triste surpresa que nosso amigo Romeu tenha morrido.

— Ele suicidou-se? — pergunta o investigador tentando obter alguma informação.

— Quem disse isso? Acho que é cedo para qualquer conclusão a respeito da morte. Estamos chocados com tudo isso.

O investigador tenta questionar Sócrates sobre alguns assuntos, mas o líder dos A.N.J.O.S. desconversa e não alimenta a curiosidade do agente policial.

Desconcertado com as respostas de Sócrates, o investigador adverte:

— Estou de olho em você e seus amigos! Se eu os pegar envolvidos em investigação ou coisas assim, o bicho vai pegar para o lado de vocês.

— Fique tranquilo, investigador, somos apenas estudantes.

— Estudantes que vivem às voltas com problemas policiais?

— Não temos culpa dos últimos acontecimentos, mas vamos seguir seu conselho. — Sócrates diz secamente.

— É bom que seja assim! — coça a cabeça o investigador.

— É só isso?

– Sim! Pode voltar para a classe e aguarde o delegado liberar vocês.

"Esses garotos sabem mais do que falam, vou ficar de olho neles." – o investigador Alves pensa, enquanto coça a cabeça novamente.

O delegado conversa com os alunos e com a professora Alice separadamente.

Não consegue nenhuma informação diferenciada, os relatos são os mesmos.

No hospital, Julieta é atendida e entra em estado de coma. Os médicos lutam para manter a vida dela.

Exames preliminares indicam que a causa da enfermidade foi envenenamento.

O corpo de Romeu é levado ao Instituto Médico Legal, onde exames periciais vão indicar a causa da morte do jovem Montecchio.

O pai de Romeu Montecchio não se conforma com a morte do filho e brada:

– Eu estava preparando tudo para que ele assumisse os negócios da família. Nossa tradição, nosso nome... A culpa é daquela maldita Julieta Capuleto... Ela entrou na vida do meu filho para destruí-lo... Deve ter sido mais um plano diabólico dessa famigerada família.

Mesmo na hora dessa imensa dor, o ódio não diminuía no coração do pai de Romeu.

As duas famílias agora se igualavam na dor e nas lágrimas.

Pelo lado dos Capuleto...

No corredor do hospital, o pai de Julieta afirma:

– Pelo menos não vamos precisar mandar nossa filha para fora do Brasil!

– Não diga isso! – adverte a mãe de Julieta. – Será que esse momento de dor para as duas famílias não deve servir para acabar com esse ódio sem sentido?

– Ele se matou e queria matar a minha filha também, se é que ela vai sobreviver!

– Se Deus quiser, ela vai viver, tenho fé que isso aconteça!

***

O delegado libera os alunos, e o nosso grupo imediatamente se dirige à toca dos A.N.J.O.S..

Lá chegando, Sócrates toma a palavra:

– Bem, pessoal, passei a mensagem logo cedo para nos reunirmos, quero tratar justamente do assunto Romeu e Julieta.

– Mas o que foi que aconteceu, Sócrates? – questiona Nina, apreensiva.

– A Jéssica sonhou com a morte do Romeu nessa madrugada...

– Como assim? Sonhou com a morte do Romeu? O que significa isso?

– Calma, Alemão, ela mesma vai explicar! – pondera Sócrates.

– Eu tive um sonho com o Romeu nessa madrugada, uma premonição, melhor dizendo.

– E o que foi que viu nesse sonho? – pergunta Otelo, ansioso.

Jéssica começa a chorar e Sócrates intervém:

– Galera... a Jéssica viu o Romeu morto no sonho dela, foi por esse motivo que convoquei a reunião para depois da aula. Mas foi tarde demais, o Romeu já tinha morrido.

– Que doideira isso! – Nina afirma, perplexa.

–Tô chocado! – emenda Alemão.

– Mais uma vez fica provada para nós essa realidade de um mundo invisível paralelo à nossa dimensão.

–Você tem razão, Sócrates, não temos dúvidas sobre isso. – concorda Nina.

– Só não entendo por que alguém tem uma premonição se essa visão não ajuda a mudar nada nos fatos.

– Sabe, Otelo, eu acho que ainda estamos longe de entender todas essas coisas.

–Tem razão, Alemão, precisamos buscar mais informações para melhor entender tudo isso. – Sócrates completa o raciocínio. – O melhor a fazer agora é ir ao hospital saber da Julieta.

– Quem vai comigo? – pergunta Nina.

– Eu tô nessa! – avisa Alemão.

– Eu também vou! – afirma Otelo.

– Enquanto vocês vão ao hospital, eu vou com a Jéssica falar com a professora Alice. Quem sabe ela pode nos elucidar melhor sobre esses fatos de premonição.

– Isso mesmo, vamos procurá-la! É possível que ela saiba algo sobre a morte do Romeu. Até agora não está definido se eles tentaram se suicidar ou foram vítimas de alguém.

– Seu raciocínio está certo, Jéssica! Eles estavam muito bem, apesar de os pais de ambos desejarem o fim do namoro. Não acredito que Romeu e Julieta tenham tentado se matar. Tem algo estranho nessa história.

– Concordo, Otelo! – Jéssica se anima com as palavras do amigo.

Eles colocam a mão direita uma sobre as outras e dizem:

A.N.J.O.S.!

INFLUÊNCIAS ESPIRITUAIS

Canção do Amor-Perfeito

Eu vi o raio de sol
beijar o outono.
Eu vi na mão dos adeuses
o anel de ouro.
Não quero dizer o dia.
Não posso dizer o dono.

Eu vi bandeiras abertas
sobre o mar largo
e ouvi cantar as sereias.
Longe, num barco,
deixei meus olhos alegres,
trouxe meu sorriso amargo.

Bem no regaço da lua,
já não padeço.
Ai, seja como quiseres,
Amor-Perfeito,
gostaria que ficasses,
mas, se fores, não te esqueço.

Cecília Meireles

– Que bom que vocês vieram me visitar! Ainda estou meio atordoada com os últimos acontecimentos.

– Nós também estamos, Alice. Desculpe-me lhe dar mais trabalho...

– Que trabalho, Jéssica? – Alice a interrompe, com carinho. – Precisamos uns dos outros, não é verdade, Sócrates?

– É verdade, professora, a Jéssica teve uma premonição na noite passada e infelizmente ela se confirmou quando chegamos ao laboratório nesta manhã. Ela está muito aflita e precisa conversar um pouco, por isso viemos aqui.

– Você fez bem em trazê-la, Sócrates. A Jéssica ainda está aprendendo a lidar com a própria capacidade de captar os sinais que vêm do mundo espiritual.

– Fiquei muito preocupada quando acordei de madrugada, vi o Romeu morrendo, mas não pude fazer nada. Quando despertei, só pensei em falar com o Sócrates e foi o que fiz.

– Jéssica... – Alice fala com acentuado carinho na voz. – Possivelmente você esteve presente no momento da morte do Romeu...

– Como assim, Alice?

– Eu explico... Você já sabe que quando adormecemos, o espírito sai do corpo físico.

– Isso eu já aprendi...

– Então, não creio que você tenha tido uma premonição, pois o fato já tinha acontecido quando chegamos ao laboratório. Acredito que você saiu do corpo e presenciou a morte dele.

– Mas eu não me recordo de mais nada, só a cena dele morrendo é que ficou nítida em minha mente...

– É assim mesmo que as coisas acontecem. Existem cenas que são bloqueadas em nossa mente, e isso não significa que não venhamos a nos lembrar delas.

– Professora Alice... – interrompeu Sócrates. – Por acaso a senhora está querendo dizer que a Jéssica pode se lembrar do que aconteceu de verdade?

– Isso mesmo, ela pode se recordar de uma hora para outra, pois o que ela vivenciou não foi um sonho, mas sim um desdobramento consciente, em que o espírito sai do corpo e presencia os fatos à sua volta.

– E quem é que vai acreditar nela se ela se lembrar?

– Sócrates, isso não importa agora, o que nos interessa saber neste momento é por que Romeu e Julieta tentaram se matar, se é que tentaram de fato.

– Agora as coisas começam a fazer sentido pra mim. – Jéssica fala. – Se fosse uma premonição, ela aconteceria futuramente; como as coisas já haviam acontecido, eu estive presente no momento do ocorrido.

– Isso mesmo, Jéssica! As premonições se referem a fatos futuros, nesse caso os acontecimentos ocorreram quase que simultaneamente. Não podemos definir tempo para que algo ocorra. Pode-se ter uma premonição para fatos que ocorram em minutos, horas, dias, meses ou anos.

– Isso significa que o Romeu e a Julieta estavam na escola de madrugada? – indagou Sócrates.

– Não necessariamente, eles podem ter chegado mais cedo e entrado no laboratório.

– O importante agora é torcer para que a Julieta se recupere.

– Isso mesmo, Jéssica, é o que desejamos.

– Como estão se sentindo os pais do Romeu e da Julieta?

– Não faço ideia, Sócrates, sei que eles eram contra o namoro dos dois e que já estavam tomando medidas para separar um do outro.

– É verdade, Alice, soubemos no colégio que a Julieta seria levada para os Estados Unidos.

– Não é só isso, Sócrates! – explica Jéssica. – O Romeu também seria afastado da escola. Os Montecchio e os Capuleto não iriam aceitar esse namoro de forma alguma.

– Tem outros fatores que influenciam em situações como esta.

– Que fatores, Alice?

– Influências espirituais, Jéssica...

– Como assim? – indaga Sócrates, curioso.

– Não podemos esquecer que o nosso mundo está contido no mundo espiritual, isso significa que existe uma interação entre os dois mundos, entende?

– Estamos sempre influenciando e sendo influenciados. E o que determina a força dessa influência é o tipo de pensamento que temos em nossa cabeça.

– E o que isso tem a ver com o Romeu e a Julieta?

– Tem a ver, Jéssica, que se os dois tentaram se suicidar, com certeza foram influenciados por espíritos desajustados.

– Mas ninguém tem o poder de obrigar ninguém a fazer nada. – alertou Sócrates.

– É certo que ninguém tem esse poder, mas todos têm a possibilidade de influenciar, e dependendo de como esteja a cabeça da pessoa, a influência vai envolvendo cada vez mais a mente fragilizada.

– Que loucura isso!

– É verdade, Sócrates, é uma loucura mesmo, poucas pessoas se dão conta de que alimentam ideias sinistras por causa das influências espirituais. Mas cada um também tem sua cota de responsabilidade.

– Entendi, Alice, o assunto é muito grave! – concorda Jéssica.

– É verdade, Jéssica, existem muitos jovens com grande sensibilidade espiritual que não se apercebem disso.

– O que vamos fazer? – pergunta Jéssica.

– Podemos unir os nossos pensamentos e desejar o melhor para o Romeu e a Julieta.

Nesse instante chega uma mensagem de Alemão ao celular de Sócrates, ele lê:

"O CORPO DO ROMEU FOI LIBERADO, O VELÓRIO SERÁ NO PRÓPRIO CEMITÉRIO."

–Vamos pra lá?

–Vamos sim, Sócrates! – concorda Alice. – O que você acha, Jéssica?

– Preciso ir para casa trocar de roupa, depois podemos ir.

–Vou levar Jéssica em casa e nos encontramos no velório, pode ser?

– Com certeza, Sócrates, encontro vocês lá! Só mais uma coisa...

– Pode falar, Alice! – pede Jéssica.

– É importante que você saiba, Jéssica, que ninguém manda em ninguém, para que uma influência se torne verdade pra gente, é preciso que se tenha dentro da mente as mesmas ideias.

– Entendi, Alice, vou pensar em tudo com carinho.

Mais uma vez, Alice fala com gravidade na voz:

– Não permita que inteligências invisíveis penetrem seus pensamentos e influenciem suas atitudes.

Jéssica se aproxima da professora e as duas se abraçam carinhosamente.

Eles se despedem e o casal parte.

ROMEU E JULIETA

As sem-razões do amor

Eu te amo porque te amo,
Não precisas ser amante,
e nem sempre sabes sê-lo.
Eu te amo porque te amo.
Amor é estado de graça
e com amor não se paga.

Amor é dado de graça,
é semeado no vento,
na cachoeira, no eclipse.
Amor foge a dicionários
e a regulamentos vários.

Eu te amo porque não amo
bastante ou demais a mim.
Porque amor não se troca,
não se conjuga nem se ama.
Porque amor é amor a nada,
feliz e forte em si mesmo.

Amor é primo da morte,
E da morte vencedor,
por mais que o matem (e matam)
a cada instante de amor.

Carlos Drummond de Andrade

A sala onde estava o corpo de Romeu estava tomada de gente.

No jardim, do lado de fora, os A.N.J.O.S. se encontram. De longe, são observados pelo investigador Alves, que não desgruda os olhos deles.

— Não conseguimos descobrir nada, Sócrates! — afirma Otelo com ar de preocupação.

—Tudo isso está muito estranho!

—Também concordo, Sócrates, está tudo muito estranho. — fala Nina com tristeza.

— O que vamos fazer? — indaga Alemão.

— Por enquanto, nada! Precisamos de algum detalhe que nos mostre um caminho a seguir. — elucida Sócrates.

— Precisamos de paciência agora, mas temos que ficar ligados em tudo que acontecer.

— Você está certa, Jéssica, temos que fazer algo pelo Romeu, pra pelo menos ele ficar numa boa do lado de lá. — Nina diz emocionada.

Do lado de dentro do velório, ouve-se uma voz revoltada:

— Eles vão pagar caro por isso! — era o pai de Romeu esbravejando. — A morte do meu filho não vai ficar assim. Eu juro diante do seu corpo que vingarei essa dor maldita. Um Montecchio não se acovarda diante da morte!

Os presentes se assustam com aquelas palavras de ira.

Silêncio total!

Alice chega e junta-se aos alunos que lá estavam para prestar uma homenagem a Romeu.

Os minutos passam, uma hora... Duas horas...

Sócrates aperta a mão de Jéssica entre as suas mãos, olha pra ela e percebe que ela não está bem.

Seu rosto fica desbotado, sem cor, sua mão transpira e ela fecha os olhos.

Alice observa e a chama pelo nome:

— Jéssica... Jéssica...

— Alemão, vá buscar um copo com água.

Nina usa um jornal para fazer um leque e abanar a amiga.

Otelo observa com preocupação.

Jéssica desperta e diz ao grupo:

– É estranho, mas vi o Romeu sair de dentro da sala do velório.

– Isso pode acontecer, Alice? – indaga Otelo.

– Pode, sim. O espírito pode ser atraído pelas pessoas que ama ou por outros fatores e até mesmo presenciar o sepultamento do seu corpo.

Todos se entreolham, o momento não permite muitos comentários.

– Já está ficando tarde, Sócrates, é melhor você levar a Jéssica pra casa.

– Pode deixar, Alice, já estamos indo!

–Vá com ela que a gente fica representando o nosso grupo. – avisa Otelo.

– Isso mesmo, pode deixar que nós ficamos por aqui! – Nina afirma, acariciando o rosto da amiga.

– Não se esqueça de mandar mensagens dizendo como estão as coisas. – pede Alemão.

– Eu mantenho vocês informados!

– Até mais, Sócrates...

– Até, Alice.

O casal se retira e o restante do grupo permanece no velório.

De longe, o investigador Alves observa quando Sócrates sai do velório com Jéssica.

– Eu vou ficar com você!

– Não precisa, amor, vá pra sua casa.

– De jeito nenhum, Jéssica, vou ligar pra minha casa e avisar aos meus pais. Eu durmo aqui no sofá da sala. Fale com sua mãe.

– Não se preocupe! Se você quiser mesmo ficar, tudo bem.

Eles se beijam apaixonadamente várias vezes, e Jéssica adormece.

Sócrates não sai do quarto e acaba adormecendo junto a ela.

Depois de alguns minutos, Jéssica se vê de pé ao lado do corpo adormecido.

Observa Sócrates ressonando e se afasta dali, levada por uma força que não consegue compreender.

Chega à porta de um edifício que lhe parece um hospital, a porta à sua frente se abre e ela caminha guiada por um sentimento irresistível.

Em frente a outra porta, que parecia ser de um quarto, ela entra e se surpreende.

Deitada em uma cama estava Julieta.

Emocionada, Jéssica se aproxima.

Julieta a vê, e com os olhos lacrimejantes, a contempla.

Nenhuma palavra é dita, mas Jéssica compreendia tudo através do pensamento.

Ela ouve dentro da sua mente:

— Eu tentei me matar...

Mentalmente, Jéssica pergunta:

— Como posso ajudar você?

Fixando de maneira significativa os olhos nos olhos de Jéssica, Julieta diz telepaticamente:

— O Romeu... onde está o Romeu? Ajude-me, Jéssica! Temos um laço de vida!

— Ele... — Jéssica não sabe o que dizer.

Julieta, emocionada, diz mentalmente:

— Jéssica, no laboratório está a pista para se descobrir como tudo aconteceu.

Da mesma forma como foi levada irresistivelmente para aquele lugar, ela retorna ao corpo físico e desperta.

Jéssica acorda com as recordações daquele encontro e imediatamente relata tudo a Sócrates.

— Como podemos ajudá-la? — ele indaga.

— Não sei, mas precisamos pensar em algo. Ela falou de algo no laboratório que ajudaria a resolver tudo.

— Vamos nos reunir com os outros A.N.J.O.S.! Contar pra eles sobre o seu encontro com Julieta.

Sem demora, Sócrates envia uma mensagem marcando reunião urgente na toca dos A.N.J.O.S., para logo após o sepultamento do corpo de Romeu.

1 – 14 – 10 – 15 – 19

O grupo se reuniu e Sócrates contou o que havia acontecido na noite anterior.

— Por onde vamos começar? — indaga Nina.

– A Julieta ama demais o Romeu. Quando ela se recuperar, vai ser difícil aceitar a morte dele. – advertiu Sócrates.

– Existem pessoas que não vivem sem aqueles que elas julgam ser o amor de suas vidas! – comenta Alemão.

– Os dois acreditavam que o amor deles ajudaria a pacificar as famílias. – Nina fala desalentada.

– É muito difícil acreditar em tudo isso! Se o Romeu se suicidou, é porque algo de muito grave foi dito a ele. Ele deve ter se desesperado por algum motivo.

O rosto de Sócrates se iluminou com um sorriso de esperança.

– Nossa! Ninguém tinha pensado nisso, Alemão! – afirma Sócrates.

– Esse é meu garoto! – sorri Otelo, batendo carinhosamente nas costas de Alemão.

– E como vamos descobrir o que de fato aconteceu? – pergunta Jéssica.

– Precisamos mergulhar fundo nessa investigação. Por onde vamos começar? – empolga-se Nina repetindo a pergunta e esfregando as mãos.

– De acordo com o contato da Jéssica com a Julieta, o segredo está no laboratório, mas não se esqueçam de que a escola está fechada por causa da morte do Romeu.

–Você tem razão, Otelo, mas temos que tentar entrar no laboratório atrás das pistas. – adverte Alemão.

– Calma, pessoal, não podemos fazer nada errado. O fim não justifica os meios, não é assim que se diz?

–Tá certo, Sócrates, não podemos nos tornar fora da lei em nome da lei. – Jéssica fala, pensativa.

– Mas o que faremos? – pergunta Alemão, inquieto.

–Vamos à escola e falamos com o vigia. Ele autorizando, a gente entra e vasculha o laboratório.

– E como faremos isso? – questiona Nina.

– Dizendo que esquecemos algo em nosso armário, pronto! – respondeu Sócrates sem muita convicção.

– Por que não procuramos o investigador Alves? – sugere Jéssica.

Todos silenciaram.

– Acho que a Jéssica tem razão, pessoal, não podemos ultrapassar os limites da lei, mesmo que nossa intenção seja a melhor. – alerta Sócrates.

– Ele não me parece desonesto. Acho que podemos confiar nele! – fala Otelo, sorrindo. – Ficamos bolados com ele por causa da bronca que levamos no caso dos vampiros.

–Tá certo, Otelo. Não vejo outra saída... Alguém tem outra sugestão?

– Eu não tenho, Sócrates, acho melhor a gente falar logo com ele. – alerta Alemão.

– Só uma coisa...

– O que foi, Nina? – pergunta Jéssica, curiosa.

– E se ele perguntar por que estamos interessados nessa investigação? Vamos dizer que a Jéssica sonhou com a Julieta e ela pediu ajuda?

–Vamos dizer a verdade. Ele pode pensar o que quiser! – Alemão fala convicto.

– Façamos isso, vamos procurar o investigador Alves. Nina e Alemão, venham comigo!

– E nós?! – pergunta Otelo abraçado à Jéssica.

– Procurem a professora Alice e contem tudo pra ela. Nesse assunto de sonhos e premonições, ela certamente sabe nos explicar melhor as coisas.

– A cada dia que passa, mais eu fico de bobeira com essas novidades.

– Não são novidades, Otelo! – Jéssica fala para o amigo. – A Alice estudou alguns livros, que informam todas as coisas a respeito de espíritos e a comunicação entre eles. Essas coisas existem desde que o homem está na Terra. Eu concordo com tudo, pois também venho aprendendo sobre isso lá no grupo de jovens espíritas.

– Precisamos falar mais sobre isso! Lembra o nome do livro que ela estudou?

– Ela me disse o título: *O Livro dos Médiuns,* de Allan Kardec. Quando quiser, conversamos mais sobre o assunto! – Jéssica sorri.

– Beleza!

O AMOR SOBREVIVE

Amor é fogo que arde sem se ver;
É ferida que dói, e não se sente;
É um contentamento descontente;
É dor que desatina sem doer.

É um não querer mais que bem querer;
É um andar solitário entre a gente;
É nunca contentar-se de contente;
É cuidar que se ganha em se perder;

É querer estar preso por vontade;
É servir a quem vence, o vencedor;
É ter com quem nos mata, lealdade.

Mas como causar pode seu favor
Nos corações humanos amizade,
Se tão contrário a si é o mesmo Amor?

Luís de Camões

– Podem entrar, ele está ali naquela sala! – aponta a direção um outro investigador.

Eles caminham até a sala indicada e encontram, atrás de uma montanha de papel, a figura do investigador Alves, a coçar a cabeça.

Sócrates bate na porta com o nó dos dedos.

O investigador, que parecia ser atirado pra fora dos próprios pensamentos, sorri e diz:

– Ora... Ora... Ora..., mas quem é vivo sempre aparece!

Não valorizando a fina ironia do investigador, Sócrates inicia o assunto.

– Estamos aqui porque podemos ajudar com a sugestão que viemos dar.

– Imagino o quanto foi difícil para vocês abrir mão de uma linha de investigação em meu benefício. – ele ri com a própria afirmação, que desconcerta Sócrates e seus amigos.

– Se o senhor já sabe de tudo isso, podemos ir direto ao assunto?

– Sou todo ouvidos! O que foi que vocês descobriram?

– É a respeito do laboratório. Temos fortes razões para acreditar que existem pistas ainda não descobertas que nos levarão a entender o que aconteceu.

Alves fitava aquele grupo de adolescentes e intimamente sorria com o jeito deles. Na verdade os admirava, mas não podia acatar tudo simplesmente, caso contrário, eles se sentiriam sempre motivados a se envolver em situações de risco.

– E como faremos para colocar as mãos nessas pistas?

– Imaginamos que o laboratório ainda guarde alguma pista não descoberta.

– O que lhes dá tanta certeza? – pergunta, com tom desconfiado na voz, o investigador.

– É que... É que... – desconcerta-se Sócrates.

– É que o quê? – volta a pressionar Alves.

– É que...

– Pula essa parte que eu já sei. Depois do "é que", vem o quê?

– Como assim?

– Desembucha, garoto! O que lhe dá tanta certeza de que encontraremos uma pista no laboratório?!

– Fale logo pra ele! – pede Alemão.

– Tá certo, vou falar! Investigador, a Jéssica, minha namorada, sonhou com a Julieta e ela pediu no sonho para procurarmos no laboratório a pista decisiva.

– Vocês estão brincando comigo? – levanta-se da cadeira o investigador. – Querem que eu acredite em uma informação obtida em um sonho?

– É isso mesmo! – afirma Sócrates, sem graça.

– Era só o que me faltava! Investigar um crime por sonhos?!

– Por favor, investigador Alves, o que o senhor tem a perder? – pergunta Nina.

O investigador Alves coça a cabeça e volta a sentar-se.

– Bem, isso é verdade! – ele acaba concordando.

– O máximo que pode acontecer é não encontrarmos nada. – diz Alemão.

– Está certo, vamos até lá, mas nunca revelem que um dia eu saí com vocês atrás de uma pista informada em sonho! Isso acabaria com a minha reputação de investigador sério, e eu me tornaria uma piada no departamento de polícia.

– Vamos ou não vamos? – pressiona Sócrates.

– Psiu! – Alves pede silêncio colocando o dedo nos lábios. – Meu carro está lá fora. Vamos embora!

Chamar aquilo de carro era um elogio.

Todos se acomodam na Brasília vermelha, modelo 1975, do investigador Alves.

Depois de cinco tentativas de partida, finalmente o motor liga e eles partem.

***

– Eu só não entendi, professora Alice, quando a Julieta me falou que ela e o Romeu tinham um laço de vida.

– Não sei o que isso quer dizer, Jéssica, talvez seja melhor esperar mais um pouco para compreendermos tudo isso.

– Professora, a Jéssica vai ter sempre esse tipo de sonho? – Otelo indaga curioso.

– A sensibilidade dela é muito grande, ela consegue captar situações e emoções da dimensão espiritual muito facilmente. Mas não significa que vá ter sempre esse tipo de "sonho".

***

Depois de conversar com o porteiro, pedindo a chave do laboratório, eles chegam à frente da porta.

Alves coloca a chave na fechadura e gira-a vagarosamente.

– Consegui...Vamos ver se encontramos algo!

Os quatro entram no laboratório, Alves bate a mão no interruptor e liga todas as lâmpadas fluorescentes.

O laboratório era amplo e tinha algumas bancadas para experimentos científicos.

Vamos vasculhar tudo, espero que essa informação não seja o maior mico da investigação policial de todos os tempos. Podem me ajudar a procurar?

E todos se entregam a buscar algo que ninguém imagina o que seja.

Os minutos se passam...

Alves desejava ardentemente encontrar algo que o ajudasse a elucidar aquele caso estranho. Por isso havia se sujeitado a procurar uma pista baseada em um sonho.

Todos já estavam desistindo, quando Nina, deitada no chão, e com a cabeça enfiada embaixo da bancada, gritou:

– Olhem! Tem um celular aqui atrás do pé desta bancada.

Sócrates, Alves e Alemão se entreolham.

Imediatamente todos se deitam no chão.

Com seu braço fino, Nina se estica e consegue pegar o celular.

– É o celular do Romeu! – afirma Alemão.

– Tem certeza? – questiona Alves.

– Lógico que tenho! Ele mostrou esse celular quando comprou. Tem jogos irados aí.

– Dê-me esse aparelho, Nina! – pede o investigador.

– Pode pegar! – ela diz, estendendo a mão e entregando-o a Alves.

131

– Como é que liga esse troço? – ele se embaraça.

– Eu ligo! – Alemão pega-o da mão do investigador e tenta – Xiii...Tá sem carga a bateria!

– Só me faltava essa! – lamenta Alves.

– Esse celular é da mesma marca que o meu, acho que meu carregador serve para ele. – sorri Sócrates.

– Então vamos embora pegar esse carregador!

O SUICÍDIO DE ROMEU E JULIETA

Um beijo

Foste o beijo melhor da minha vida,
ou talvez o pior... Glória e tormento,
contigo à luz subi do firmamento,
contigo fui pela infernal descida!

Morreste, e o meu desejo não te olvida:
queimas-me o sangue, enches-me o pensamento,
e do teu gosto amargo me alimento,
e rolo-te na boca malferida.

Beijo extremo, meu prêmio e meu castigo,
batismo e extrema-unção, naquele instante
por que, feliz, eu não morri contigo?

Sinto-me o ardor, e o crepitar te escuto,
beijo divino! E anseio delirante,
na perpétua saudade de um minuto...

Olavo Bilac

– Está na casa da Jéssica, ficou lá na noite passada.

–Vamos logo! Todos a bordo da nave *Soyuz!* – convida Alves.

– Nave *Soyuz?* Que nave é essa, Alves?

– É uma nave espacial da antiga URSS – União Soviética.

– Nossa, nem sabia que isso existiu! – fala Alemão.

– Não façam pouco caso da minha Brasília vermelha.

Depois de cinco tentativas, dessa vez o motor da "nave" não partiu, e todos tiveram que empurrar a nave *Soyuz* do investigador Alves.

Em poucos minutos, eles chegam à casa de Jéssica.

Depois de tocarem a campainha, ela surge sorrindo e diz:

–Vocês não vão acreditar no que acabei de saber!

Sócrates se aproxima beijando-a nos lábios.

– O que foi que aconteceu? – Nina não esconde a curiosidade.

– A Julieta está grávida!

– Nossa! E agora? – Alves coça a cabeça, confuso.

– Agora são os médicos que vão responder a essa pergunta! – afirma Jéssica.

–Vamos cuidar de uma coisa de cada vez! – alerta Sócrates. – Jéssica, encontramos o celular do Romeu no laboratório. Você tinha razão quando disse que a pista estava lá.

–Vamos ver se encontramos algo nesse aparelho que nos dê uma pista segura sobre o que aconteceu.

– Está certo, Sr. Alves!

– Jéssica, por favor, pegue o carregador de bateria do meu celular. – pede Sócrates.

Ela convida todos a entrarem na sala e corre para pegar o carregador.

Jéssica volta e eles ligam o celular.

Silêncio total.

O aparelho liga e o papel de parede era uma foto de Romeu e Julieta abraçados.

Nina se emociona.

Eles veem na caixa de entrada várias mensagens de Julieta para Romeu.

Todas as mensagens, desde a noite do baile, estavam salvas.

Romeu não deletara uma única mensagem.

As mensagens da caixa de saída também não foram apagadas. Eram muitas as que ele enviara a Julieta.

Em várias mensagens, eles falavam da perseguição que sofriam dos pais. O amor deles jamais seria aceito por suas famílias.

A fuga seria impossível, pois ambos eram acompanhados por seguranças, fossem aonde fossem. A vida dos dois apaixonados era um inferno promovido pelo egoísmo dos pais, das famílias que se odiavam.

No dia anterior ao encontro dos corpos dos jovens, eles se esconderam no laboratório e não foram para casa. Esse fato não se tornou público, porque ambas as famílias não queriam promover um escândalo.

Os Capuleto moveram céus e terras, mas não encontraram Julieta.

Os Montecchio não fizeram por menos e reviraram, por meio de seus seguranças, toda a cidade, e nada.

Escondidos na escola, eles esperaram até a noite para fugir da cidade, mas temeram pelo futuro.

— Vamos ver se existe alguma mensagem no gravador de voz! – pede Alemão.

— É o que nos resta! – lamenta Alves.

— Como é que liga isso?

— Deixe que eu faço, investigador! – pede Nina.

Em segundos, ela consegue ligar o gravador e eles se surpreendem com o que está gravado.

— Vamos deixar esse mundo, porque nele não existe lugar para o nosso amor. – a voz era de Romeu Montecchio.

— O que eu sinto pelo Romeu é maior do que minha própria vida. – a voz era de Julieta.

— As pessoas não acreditam no amor, elas só acreditam nas posições sociais e no dinheiro. Não existe lugar pra gente viver o nosso amor. Por isso vamos morrer nesta noite. Os frascos estão preparados.

— Dê-me sua mão, amor da minha vida! – Julieta pede.

— Sente-se e beba esse líquido que irá nos libertar desse mundo de egoístas. – ele pede.

Um breve silêncio toma conta da gravação, enquanto ruídos leves são ouvidos.

Eles devem estar sentando, deduzem os A.N.J.O.S., emocionados. Alves também ouve tudo, nervosamente.

— Beba, garota dos meus sonhos! Cruze seu braço com o meu, como brindam com champanhe aqueles que se amam.

— Eu bebo ao nosso amor, Romeu, um amor que o mundo não compreendeu.

Nesse momento, ouve-se a voz dela desesperando-se:

— Romeu, o meu frasco caiu e não consegui beber o veneno! — ela fala desesperada.

— Eu bebi pelo nosso amor! — a voz dele já está lenta e desconexa.

Enlouquecida, ela grita:

—Vou beber o veneno dos seus lábios; beije-me, beije-me...

Jéssica e Nina se abraçam chorando.

Alves, Alemão e Sócrates não conseguem segurar a emoção e também choram.

Na gravação, não se ouve mais nada; silêncio e morte.

UM LAÇO DE VIDA

Lua adversa

Tenho fases, como a lua,
fases de andar escondida,
fases de vir para a rua...
Perdição da minha vida!
Perdição da vida minha!
Tenho fases de ser tua,
tenho outras de ser sozinha.

Fases que vão e que vêm,
no secreto calendário
que um astrólogo arbitrário
inventou para meu uso.

E roda a melancolia
seu interminável fuso!

Não me encontro com ninguém
(tenho fases, como a lua...)
No dia de alguém ser meu
não é dia de eu ser sua...
E, quando chega esse dia,
o outro desapareceu...

Cecília Meireles

– Mas não é possível! Além de perder meu filho, terei um neto com o sangue dos malditos Capuleto?

– Achei por bem comunicar às duas famílias a respeito de tão grave assunto. – alertou o médico.

– E quais são as chances dessa criança nascer? – perguntou o pai de Romeu, tremendamente indignado.

– A medicina hoje nos oferece condições para que a gravidez seja levada a bom termo, mesmo com os riscos que uma situação como essa apresenta.

– Não acredito nisso...

Nesse instante, o pai de Julieta adentra o escritório do médico.

Frente a frente, o Montecchio e o Capuleto; o ambiente fica tenso.

O pai de Romeu resolve permanecer calado, enquanto o médico explica ao pai de Julieta sobre a gravidez.

Surpreendentemente, o pai de Julieta se emociona e diz:

– Doutor, faça o possível para que minha filha e essa criança sobrevivam, eu e minha esposa cuidaremos delas.

O Montecchio, surpreso com a atitude do pai de Julieta, emudece. Pede licença e se retira do hospital.

***

Uma semana depois...

O laudo com a causa da morte do jovem Romeu Montecchio revela que ele morreu de envenenamento.

Já a jovem Julieta Capuleto, embora apresente o mesmo quadro, não ingeriu uma dose letal, mas corre risco de perder a vida com a dosagem recebida.

As pessoas que conviviam mais de perto com as famílias Montecchio e Capuleto tinham certeza de que os jovens não resistiram à pressão imposta pelo ódio, que alimentava aqueles corações havia muitos anos.

***

A gravação do suicídio do jovem Romeu Montecchio e da tentativa de suicídio de Julieta Capuleto caiu como uma bomba na sociedade local.

Os pais de Romeu ficaram em estado emocional profundamente abalado diante das provas apresentadas pelo investigador Alves.

A maneira como trataram o filho e seu amor pela jovem Julieta promoveu um verdadeiro choque de realidade.

Ajuda psicológica foi buscada, mas existem males que residem na alma, e só a mudança sincera de sentimentos pode auxiliar em um drama como esse.

Já os pais de Julieta experimentavam a angústia da internação da filha e o risco iminente de sua morte.

Pensavam também na criança que ela, mesmo enferma, estava gerando.

A situação para ambos era dolorosa, o remorso os consumia.

Se a filha sobrevivesse, eles teriam que ver em seus olhos o brilho de um amor perdido, por causa do orgulho e da vaidade humana.

A gravidez de Julieta desenvolvia-se satisfatoriamente dentro das circunstâncias.

No hospital, as visitas do pai e da mãe dela eram constantes.

O pouco diálogo entre os pais e ela, durante sua vida, era compensado agora em visitas diárias, para saber da saúde da filha e da criança que estava sendo gerada em seu ventre.

No hospital onde Julieta estava internada, a comoção era geral pelo quadro pouco comum de gravidez em uma jovem em coma.

Em uma das muitas visitas dos pais à Julieta, a surpresa aconteceu.

Esperando na porta por autorização para entrar, o pai de Romeu Montecchio aguardava.

O pai de Julieta, abalado e emocionado com o rumo que sua vida havia tomado, dirige-se ao Montecchio:

— Entre, por favor. Não arrumamos tempo para cuidar de nossos filhos quando eles estavam saudáveis e, agora, temos tempo para chorar por tudo isso que está diante de nós.

As palavras sinceras do Capuleto, carregadas de emoção, sensibilizaram o Montecchio, que teve dificuldades em conter uma lágrima traidora, que revelava o que ia em sua alma. Remorso... Arrependimento... Saudade do filho querido.

Eles se olharam apenas como pais e se sentiram frágeis diante da vida.

Desnudaram-se do orgulho que as posições sociais normalmente vestem o homem que se prende apenas às coisas materiais.

Ali de frente um para o outro, emudeceram as bocas, e os corações choraram despedaçados.

O pai de Julieta estende a mão para o pai de Romeu.

O Montecchio corresponde ao gesto e, silenciosa e envergonhadamente, a paz é selada entre eles.

Um Capuleto apertando a mão de um Montecchio, só mesmo pela força das lágrimas que a ausência dos filhos pode provocar.

Quando ela fala

Quando ela fala, parece
Que a voz da brisa se cala;
Talvez um anjo emudece
Quando ela fala.

Meu coração dolorido
As suas mágoas exala,
E volta ao gozo perdido
Quando ela fala.

Pudesse eu eternamente,
Ao lado dela, escutá-la,
Ouvir sua alma inocente
Quando ela fala.

Minha alma, já semimorta,
Conseguiria ao céu alçá-la
Porque o céu abre uma porta
Quando ela fala.

Machado de Assis

A.N.J.O.S. reunidos...

Otelo fica surpreso e decepcionado por não ter presenciado o momento em que todos ouviram as gravações do celular de Romeu.

— Paciência! — dizia ele. — Mas fico feliz que tudo tenha se resolvido!

— Jéssica, que bom que você pôde ajudar na solução desse drama. — afirma Nina.

— Eu não fiz nada. O que parecia um sonho, na verdade foi um encontro com a Julieta.

— Mas todos sonham, Jéssica, e poucos conseguem captar uma situação como essa. — comenta Alemão.

— Pessoal, falei com os pais da Julieta e eles autorizaram a nossa visita. Podemos ir agora, se vocês quiserem. — avisa Sócrates.

— Beleza! — anima-se Nina.

— O que estamos esperando? — fala Jéssica, sorrindo.

— Só se for agora, galera! Vamos embora!

— Então vamos, Otelo!

Eles partem para o hospital.

No saguão, identificam-se e são autorizados a entrar.

A surpresa e a alegria aumentam quando todos tomam conhecimento da novidade.

— É isso mesmo, Jéssica. — fala o Sr. Capuleto. — A Julieta saiu do coma e, em dois dias, estará no quarto.

— Já reconheceu a mãe e balbuciou algumas palavras. O médico disse que agora é questão de tempo para que ela se recupere.

— E a criança, como está? — pergunta Otelo.

— A criança está bem e certamente agora, com a recuperação de Julieta, será uma gravidez mais segura.

Todos comemoram e ouvem o pedido do Sr. Capuleto:

— Gostaria muito que vocês viessem vê-la no quarto. Vai ser muito importante a presença de vocês ao lado dela. Isso vai ajudá-la em sua recuperação.

– Pode deixar, nem precisa pedir, a gente volta para ver a Ju. – comprometeu-se Alemão.

– Obrigado!

Eles se despedem e voltam felizes pra casa.

***

Dois dias depois...

– Podem entrar. – pede a mãe de Julieta.

Os cinco amigos entram no quarto e veem Julieta recebendo alimentação da mãe.

Quando ela vê Jéssica, para de comer e sorri, depois deixa uma lágrima correr pelo rosto.

Jéssica se aproxima e beija o rosto dela, com carinho.

Com dificuldades, Julieta pede para ficar sozinha com ela.

Todos estranham aquela atitude, mas devido ao estado de franca recuperação que Julieta apresenta, concordam em sair.

Sozinha com Jéssica, Julieta pede:

– Por favor, ajude-me a morrer, eu não posso seguir vivendo sem o Romeu. Ele está me esperando!

– Não, Julieta, não posso te ajudar a fazer isso. O suicídio é uma ilusão! Ninguém morre!

– Preciso me matar! Ajude-me! O Romeu está me esperando!

–Você tem um filho do amor de vocês no seu ventre! Não pense em morte, a vida e o amor de vocês continuam nessa criança.

– Eu não vou conseguir...

–Vai sim, Julieta! Você é forte!

– Eu sonhei com o Romeu e ele disse que está me esperando! Preciso ir...

– Julieta, o suicídio é um crime contra a vida. Quem se suicida afasta-se por muito e muito tempo de quem ama.

– Mas eu ouço a voz do Romeu a me chamar, pedindo pra que eu o acompanhe.

Jéssica usa de todos os argumentos que conhece, mas não consegue convencer Julieta de que ela está errada.

Depois de alguns minutos, os outros A.N.J.O.S. voltam ao quarto e um clima mais tranquilo se instala no ambiente.

Julieta chega a sorrir com as imitações que Alemão faz, mudando a voz com facilidade.

Finda a visita, eles retornam, e Jéssica revela sua preocupação:

— Estou muito preocupada com a Julieta. Ela só fala em suicídio.

—Trevas isso! — comenta Alemão.

— Muito sinistro mesmo! O que podemos fazer?

— Não sei, Nina! Não sei mesmo!

Sócrates fica calado e todos têm dificuldade em saber o que fazer.

—Vamos pensar em algo! — tenta incentivar Otelo.

Eles se despedem e voltam para suas casas.

***

No dia seguinte, na escola, aula de química, a professora ensina:

— Isótopos são átomos de um elemento químico, cujos núcleos têm o mesmo número atômico, ou seja, os isótopos de um certo elemento contêm o mesmo número de prótons designado por "Z", mas contêm diferentes números de massas atômicas, designadas por "A". A palavra "isótopo", que significa "no mesmo lugar", vem do fato de que os isótopos situam-se no mesmo local na tabela periódica. A diferença nos pesos atômicos resulta de diferenças no número de nêutrons nos núcleos atômicos, ou seja, os isótopos são átomos que possuem a mesma quantidade de prótons, mas não a mesma de nêutrons. Exemplo: o átomo de Hidrogênio possui três formas de isótopos: o Prótio (1 próton sem nêutron), o Deutério (1 próton e 1 nêutron) e o Trítio (1 próton e 2 nêutrons).

— Na nomenclatura científica, os isótopos são designados pelo nome do elemento seguido por um hífen e pelo número de núcleons (prótons e nêutrons) no núcleo atômico, por exemplo, ferro-57, urânio-238, hélio-3. Na forma simbólica, o número de núcleons é escrito como um prefixo subido do símbolo químico, por exemplo, ^{57}Fe, ^{238}U, ^{3}He.

— Existem 339 isótopos naturais na Terra. E mais de 3100 são conhecidos.

Toca o sinal de final de aula.

— Afff, hoje tá difícil! — fala Jéssica.

— E como! – concorda Nina, entediada.

— Alice se aproxima e diz:

— Meninas, o que está acontecendo? Vocês estavam muito distraídas na aula de hoje.

— Estamos preocupadas com a Julieta! Ela só pensa em se matar. Isso tem nos assustado muito.

— Eu entendo você, Jéssica, mas ela vai se recuperar.

— Como? Não vejo como ela irá superar isso!

— O que você pode fazer é ficar ao lado dela e apoiá-la. Incentivar e ter paciência com ela.

— Não sei o que fazer!

— Jéssica, vamos fazer uma visita pra ela?

—Vamos sim! Quando?

— Hoje ainda, pode ser?

— Certamente, Alice! Vamos sim!

— Posso ir com vocês? – pede Nina, timidamente.

Sorrindo, Alice afirma:

— Lógico que você pode e deve ir, Nina!

— Que bom! Então vamos visitar a Julieta!

— Agora virou clube de mulheres? Homens não entram? – provoca Sócrates, que chegou no final da conversa.

—Vamos visitar a Julieta hoje, quer ir?

—Vão vocês! Assim ficam mais à vontade sem a nossa presença.

— Mas não temos segredos! – sorri Jéssica com as próprias palavras.

— Existem coisas que as mulheres devem dizer umas às outras, e é melhor os homens ficarem de fora.

— Faremos isso, Sócrates! – afirma Alice.

A VIDA CONTINUA

Não se acostume...

*Não se acostume com o que não o faz feliz,
revolte-se quando julgar necessário.
Alague seu coração de esperanças, mas não
deixe que ele se afogue nelas.
Se achar que precisa voltar, volte!
Se perceber que precisa seguir, siga!
Se estiver tudo errado, comece novamente.
Se estiver tudo certo, continue.
Se sentir saudades, mate-a.
Se perder um amor, não se perca!
Se o achar, segure-o!*

Fernando Pessoa

Julieta se encontra deitada de olhos abertos.

Naquele momento do dia, ela se encontra sozinha por alguns minutos. Sua mãe desceu para comprar algumas frutas.

Ela sente uma emoção profunda a envolver seu coração.

Uma ternura, um bem-estar, uma paz como há muito não sentia.

Coloca a mão sobre o ventre e pensa na criança que está crescendo dentro dela.

Romeu deixou com ela um "laço de vida" a uni-los para sempre.

"Será correto tentar o suicídio e matar o filho dele, nascido de tanto amor?"

Essa sensação de paz dura pouco, pois uma angústia incontida começa a sufocá-la.

Uma sensação de pânico se fortalece no seu peito.

A voz de Romeu ecoa dentro da cabeça dela:

— Estou te esperando, não me deixe sozinho...

Os olhos materiais de Julieta não conseguem enxergar a cena que se passa em seu quarto.

Ao seu lado, em estado de profunda perturbação, Romeu grita pedindo a ela que se suicide.

A confusão mental de Julieta aumenta, até que Romeu ouve alguém chamá-lo.

— Romeu... Romeu...

Inconscientemente, ele para de envolver Julieta e se volta para a porta do quarto.

Surpreso, observa dois jovens que lhe sorriem.

— Quem são vocês?

— Olá Romeu! Meu nome é João e este aqui é o Andrezinho!

— O que vocês querem comigo?

— Queremos conversar com você!

— Não tenho tempo para conversa! Preciso levar minha garota comigo!

— Quero aproveitar para lhe dar os parabéns! — tenta argumentar João.

— Parabéns pelo quê?

— Ele não sabe da grande novidade! — João faz o comentário olhando para Andrezinho.

— Então conte pra ele, João! — pede Andrezinho, sorrindo.

— Contar o quê? — impacienta-se Romeu.

Enquanto o diálogo acontece entre eles, Julieta sente grande alívio, pois a influência de Romeu diminui sobre a mente dela.

— Parabéns, Romeu! — João estende a mão na direção dele, com um sorriso.

— Parabéns pelo quê?

— Pelo filho que você e a Julieta vão ter...

— Filho?

—Você não sabia? — indaga Andrezinho.

— Filho... Meu e da Julieta?

— Isso mesmo, a Julieta está grávida. — confirma João.

Nesse instante, mais jovens entram no quarto, garotos e garotas a sorrir aproximam-se de Romeu, que experimenta certa confusão.

Ele é abraçado e vê que as garotas depositam ao lado da cama de Julieta flores de cor e brilho nunca vistos por seus olhos.

— Eu preciso levá-la comigo... — ele tenta insistir.

— Ela está bem! Seu filho também! — afirma uma jovem.

— A morte não existe, Romeu, o suicídio é um engano! — João fala com carinho. —Venha conosco, você precisa se cuidar.

— Mas ela é minha garota...

— Pense em seu filho, no filho que a porta do seu amor por Julieta permitiu ser gerado. Olhe pra ela! — pede a jovem.

Romeu olha para Julieta e a vê acariciando o próprio ventre.

A cena toca o coração do jovem Montecchio, e ele chora.

Os jovens se abraçam e ele se deixa envolver.

— Sinto dores terríveis em minha garganta e estômago. — ele se queixa.

— Romeu, tudo que fazemos tem uma consequência, seja qual for o motivo que acreditamos ser justo, nada supera a sabedoria das leis naturais que sempre preservam a vida. O que fizermos para a vida, a nós mesmos fazemos.

É tempo de cuidar da sua vida, da Julieta e do seu filho. Você agrediu seu corpo com o suicídio, isso tem uma consequência, no momento certo você irá recapitular essa história. – João elucida com respeito.

Ele lança um olhar emocionado em direção a Julieta e se deixa conduzir pelos jovens.

– Meu nome é Rose. – a jovem que falara sobre o filho dele se apresenta. –Venha com a gente, temos uma galera legal que vai ficar feliz em te receber.

Os jovens se retiram e Julieta adormece calmamente.

EDUARDO CAPULETO MONTECCHIO

Filhos... Filhos?
Melhor não tê-los!
Mas se não os temos
Como sabê-lo?
Se não os temos
Que de consulta
Quanto silêncio
Como os queremos!
Banho de mar
Diz que é um porrete...
Cônjuge voa
Transpõe o espaço
Engole água
Fica salgada
Se iodifica
Depois, que boa
Que morenaço
Que a esposa fica!
Resultado: filho.
E então começa
A aporrinhação:
Cocô está branco
Cocô está preto
Bebe amoníaco
Comeu botão.

Filhos? Filhos
Melhor não tê-los
Noites de insônia
Cãs prematuras
Prantos convulsos
Meu Deus, salvai-o!
Filhos são o demo
Melhor não tê-los...
Mas se não os temos
Como sabê-los?
Como saber
Que macieza
Nos seus cabelos
Que cheiro morno
Na sua carne
Que gosto doce
Na sua boca!
Chupam gilete
Bebem xampu
Ateiam fogo
No quarteirão
Porém, que coisa
Que coisa louca
Que coisa linda
Que os filhos são!

Vinícius de Moraes

Na antessala da maternidade, a cena era inacreditável.

De um lado, os pais de Romeu.

Do outro lado, os pais de Julieta.

Os dois avôs saem para tomar café juntos.

As avós trocam de poltrona várias vezes.

A sala fica cheia, a professora Alice chega com os A.N.J.O.S.: Alemão, Nina, Jéssica, Otelo e Sócrates.

Os avôs voltam, e todos ficam em silêncio.

Um "anjo" chega, nasce.

A vida grita através do choro de mais um bebê.

A vida sempre grita, a vida sempre pede pela vida.

O suicídio é uma miragem para os olhos que se fecham para enfrentar e viver a vida.

Mas a vida triunfa, pois ela não cessa, em todos os quadrantes, ela é permanente.

— Nasceu, e é um lindo menino! — a enfermeira avisa.

Mais uma criança nasce, mais uma esperança chega.

Todos comemoram.

É um Montecchio?

É um Capuleto?

Não importa!

É uma vida!

AVENTURA 3

O sexto A.N.J.O.

157

MENTES PERIGOSAS

Jéssica chega à escola junto com Nina. As duas se surpreendem ao ver vários grupinhos espalhados pela quadra de esportes olhando algo no celular.

— Ué... O que será que tá rolando agora? — Nina pergunta com curiosidade.

— Deve ser alguma grande novidade, porque eu nunca vi a galera agitada desse jeito em torno dos celulares! — Jéssica comenta enquanto dá de ombros.

— E aí meninas? — Sócrates chega e dá um breve beijo nos lábios de Jéssica e um beijo no rosto de Nina.

— O que será que está rolando, Sócrates?

— Não sei, Nina, mas deve ser algo bem interessante para juntar tanta gente curiosa.

— Pessoal... Pessoal... — Otelo chega correndo quase sem ar.

— Calma, Otelo, vá devagar... Está tudo bem?

— Sócrates, se prepara, tem duas notícias, uma boa e outra péssima... — e respirando com dificuldades Otelo indaga:

— Qual você quer primeiro?

Um silêncio sepulcral se instala entre eles por alguns segundos.

Sócrates coloca a mão no ombro do amigo e fala:

— Diga a péssima, primeiro...

—Vocês estão vendo essa muvuca da galera com os celulares?

– Estamos! – respondem os três em uma única voz.

– Pois é, o pivô dessa confusão é o nosso amigo Alemão...

– Fala logo, Otelo, o que houve? – Nina pergunta bem nervosa.

– O boato é que o Alemão ficou com a Mary do 2º ano e postou fotos dela na rede social...

– Nua? – Jéssica pergunta.

– Quase isso... – Otelo responde.

– Como, quase isso? Não existe quase nu! Ou se está ou não, sem roupa! – Nina fala inconformada.

– Explica isso melhor, Otelo! – pede Sócrates.

– Isso, Otelo, explica logo, você viu as fotos? – Jéssica questiona impaciente.

– Eu meio que vi...

– Pode parar Otelo, ou você viu, ou não viu. Não existe quase nu, muito menos, quase vi. Fala logo.Viu ou não viu?

Desconcertado, Otelo dá um sorrisinho amarelo e comenta de cabeça baixa.

–Vi um pouquinho e ela estava sem a parte de cima da blusa.

– Mas como você sabe que foi o Alemão? – Nina pergunta.

– Estão dizendo que as fotos apareceram na página dele na rede social e também pelo WhatsApp!

Nesse instante Sócrates, Jéssica e Nina pegam seus celulares e vão conferir se chegou alguma imagem para eles.

– Nossa!!! – Jéssica fala.

– É treva!!! – Nina comenta com tristeza.

– Essa pegou mal! – Sócrates diz, balançando a cabeça.

– E agora? – Otelo questiona.

Os três olham para Sócrates esperando que o líder dos A.N.J.O.S. fale alguma coisa.

Ele coça a cabeça por alguns instantes e diz:

– Não vamos julgar sem ouvir o que o Alemão tem a dizer. O moleque é do bem, todos sabemos disso. E tem mais uma coisa...

– O que é, Sócrates? – Jéssica pergunta com carinho na voz.

– O que mais tem nessas redes sociais são mentes perigosas. Tem uma galera do mal que vive só para tramar contra os outros. Ninguém fala nada antes de o Alemão nos dizer o que está rolando com ele! Combinado?

Os três balançam a cabeça positivamente.

E Sócrates continua...

– Isso tudo é muito estranho. Alguém sabia que ele estava saindo com a Mary?

– Eles andavam muito juntos durante o intervalo das aulas, não é, Jéssica?

– Nina, eu vi os dois algumas vezes, mas não notei que estivessem namorando.

– Jéssica, você ainda é do tempo do namoro, como eu também sou, minha amiga, mas muita gente só quer mesmo é dar uma boa "ficada" sem compromisso. – Nina diz com convicção.

– Mesmo que o Alemão esteja namorando a Mary, quem garante que foi ele mesmo que postou essas fotos. Ele não tem esse tipo de comportamento, isso eu posso garantir! – Otelo comenta defendendo o amigo.

O sinal para início da aula toca e todos caminham para o grande corredor do Colégio Monteiro Lobato.

– Ficamos todos atordoados com a notícia do Alemão que até nos esquecemos da boa notícia, não é, Otelo?

– Pode crer, Nina, já ia esquecendo! Querem saber?

Os quatro caminham lado a lado pelo grande corredor e Sócrates pede:

– Qual a boa notícia, Otelo, fala pra gente!

–Vocês não vão acreditar no que tenho para dizer...

–Vai começar de novo, Otelo? Que amarração! – Nina reclama.

– A boa notícia vem do mesmo personagem...

– Do Alemão? – Jéssica questiona.

– Isso mesmo! Amigos, preparem-se, o Alemão vai participar das seletivas do judô para a Olimpíada.

– Uau! – Sócrates sorri com emoção.

– Que maneiro! – Nina afirma.

– Que máximo! – Jéssica diz, batendo palmas.

– Essa notícia ninguém comenta, mas a outra para detonar nosso amigo se espalhou rapidamente! – Otelo afirma com certa tristeza.

– Vai dar tudo certo! Vamos acionar o código secreto e esperar pela reunião dos A.N.J.O.S. após a aula!

– Mas isso se o Alemão aparecer, não é? – Nina fala desconfiada.

– Ela tem razão, Sócrates, essas fotos da Mary devem gerar grande confusão e isso pode ser caso de polícia. Mas antes de tudo, precisamos ouvir o Alemão.

– É isso mesmo, Jéssica, vamos nos reunir e esperar que ele apareça. – o líder dos A.N.J.O.S. concorda com ela.

Nesse mesmo instante, ele digita no celular o código secreto:

1 – 14 – 10 – 15 – 19.

Nina, Jéssica e Otelo recebem em seus celulares o código secreto, mas, e o Alemão, será que recebeu?

***

– Eu te amo...

– Eu também te amo muito! – ela fala deitada, recostada no peito dele.

Nesse momento, ele ouve o sinal sonoro de mensagem do seu celular.

Estica o braço preguiçosamente e lê a mensagem:

1 – 14 – 10 – 15 – 19.

– É o código secreto. – ele fala em voz alta, sem perceber.

– Código secreto? Que código secreto?

– Eu disse isso?

– Com certeza disse, Alemão! Está tudo bem?

– Tudo, Mary!

Agora é o celular dela que toca, ela pega e vê o número:

– É o meu pai! O que faço? Eu nunca passei uma noite fora de casa...

– Diga que já está indo... Vou te levar pra casa!

Ela atende o telefone, e o pai dela grita nervosamente do outro lado da linha.

– ONDE VOCÊ ESTÁ QUE NÃO VEIO PARA CASA?!

– Calma pai, eu já estou indo!

– VENHA LOGO, ANTES QUE EU CHAME A POLÍCIA!

Ela desliga o telefone nervosamente:

– E agora, o que vamos fazer?

– Vamos assumir o que fizemos, com todas as consequências! Eu vou te acompanhar até sua casa e vou falar com seu pai! Agora vamos embora.

***

A aula já está no intervalo e o assunto na escola continua sendo as fotos da Mary nos celulares e redes sociais.

– Esse moleque tem que levar uma surra! – Airton, um dos garotos do fundo da classe diz, provocando.

– É metidinho, esses quietinhos são os piores! Quando ele chegar na escola a gente detona ele! – Sandoval, outro aluno, fala revoltado.

Sócrates e seus amigos ouvem tudo aquilo sem poder dizer nada.

– Calma, amigos, vamos esperar pelo Alemão! – Otelo pede a todos.

***

No ônibus...

– Ficamos tão esquecidos do mundo que nem vi meus recados e nem visitei minha página na rede social. – Mary comenta sorrindo.

– Eu também não.

Mary pega o celular e verifica as mensagens no WhatsApp.

– Olha isso, Alemão!

Ela vê algumas fotos dela seminua, com os seios à mostra.

– Mas o que é isso? Quem postou essas fotos?

– Deve ter sido algum moleque!

Dentre as muitas mensagens, ela lê uma que chama sua atenção:

Foi o Alemão que postou as fotos nas redes sociais.

— Cadê seu celular, Alemão?

— Está aqui... – ele entrega o celular para ela.

Ela navega no *smartphone* e entra na galeria de fotos. E lá estão as mesmas fotos.

— Foi você que fez isso comigo?

— Óbvio que não. Por que eu faria isso com a garota que amo? Como essas fotos foram parar no meu celular? Eu não andaria com fotos suas num celular?

Ela sabe que aquelas fotos foram feitas por sua irmã quando ela experimentava roupas novas.

— Não sei o que dizer. Essas fotos foram feitas por minha irmã enquanto eu provava roupas novas.

— Alguém pegou suas fotos e publicou como se fosse eu.

— Mas quem faria isso?

— Só uma mente muito perigosa seria capaz de um plano como esse.

UMA SURPRESA DESAGRADÁVEL

Eles chegam de mãos dadas em frente à casa de Mary e o pai dela sai para recebê-los. Ele não diz nada, aproxima-se do casal e dá um empurrão em Alemão que cai ferindo o rosto.

— Nunca mais se aproxime da minha filha, seu marginal!

Mary tenta argumentar, mas o pai não quer saber, não lhe dá ouvidos e a manda entrar.

— O senhor está enganado, Sr. Lino, não sou marginal...

— Fora daqui!

Alemão entende a situação e prefere ir embora para não agravar aquele momento.

Da porta, Mary o vê partir e chora desconsolada.

***

Sócrates e os amigos estão saindo da escola quando veem Alemão se aproximar.

—Vamos embora daqui. — Otelo adverte. — A situação não está legal para o seu lado!

Rapidamente eles se afastam, antes que alguém perceba a presença dele.

—Vamos para minha casa! — sugere Alemão.

Em poucos minutos, a equipe está completa e todos se reúnem na casa dele.

— O que houve, Alemão, quer nos contar? — Sócrates pede em tom respeitoso.

Alemão olha para todos os amigos e fala com melancolia:

— Acho que me envolvi em uma grande confusão... — ele faz uma pausa e prossegue. — Passei a noite com a Mary. Venho me aproximando dela desde o último bimestre. Há dois meses eu fui à biblioteca procurar um livro de História para uma pesquisa. Chegando lá, soube que o livro estava emprestado, mas justamente na hora que eu ia saindo da biblioteca, a Mary vinha entrando com ele na mão para devolver. Achamos estranho a coincidência, rimos e trocamos algumas palavras sobre a escola e coisas em comum. Logo depois, trocamos telefone. O que começou como coincidência tornou-se uma mania e passamos a nos falar a todo instante. Nunca senti nada igual por nenhuma garota, fiquei perdidão por ela. Ontem à noite nos encontramos e decidimos ficar juntos para conversar. O papo foi ficando cada vez melhor e não vimos o tempo passar, depois de tudo, adormecemos.

Alemão ficou em silêncio.

—Você sabe que sua atitude não foi legal, não é? – Sócrates pergunta com carinho na voz.

— Só agora minha ficha está caindo, do tamanho da besteira que fizemos.

— O que foi isso em sua testa? – Nina indaga.

— Foi o pai dela que me empurrou quando chegamos na porta da casa dela.

— E sobre as fotos? – Jéssica comenta. —Você já sabe o que está rolando na escola?

—Vi apenas umas fotos em que ela aparece de sutiã, mas nem sei como isso aconteceu, porque ela me disse que foi a irmã dela que fez as fotos enquanto experimentava roupas novas.

— Então, você não tem nada a ver com isso?

— Não, Otelo, eu não tenho nada a ver com isso!

— Alguém armou para vocês dois, não é verdade? – Jéssica fala com preocupação.

— Foi isso mesmo! Ainda não consegui entender o que está acontecendo. Não sei o que fazer, porque gosto demais dela. Preciso encontrar um caminho para resolver essa situação.

— Alemão, é melhor você dar um tempo até que encontremos alguma pista. – Sócrates aconselha o amigo. – Hoje é quarta-feira, falte na escola amanhã e depois de amanhã, assim já emenda com o final de semana e os dias passam. Desse jeito, teremos tempo para investigar e descobrir quem está por trás dessa armadilha. O que me diz?

Ele coloca a cabeça entre as mãos e fala com a voz a soluçar:

–Tudo... bem... eu concordo...

Nina se aproxima e acaricia a cabeça do amigo.

– E a seletiva, Alemão? Vai mandar bem, não é mesmo? – Jéssica fala sorrindo.

Nesse momento, ele ergue a cabeça e consegue esboçar um sorriso.

–Você precisa se preparar para a seletiva com muita dedicação...

– Tem razão, Sócrates, farei isso! O sonho de todo atleta é participar de uma Olimpíada. Vai ser a maior alegria da minha vida! Farei de tudo para participar!

– Sabe se a Mary namorou algum garoto recentemente?

– Não sei, Sócrates, mas está aí uma boa pergunta para fazer a ela!

– E o pai dela, o que pretende fazer?

– Não tenho cabeça para pensar nisso agora, Nina. Vou aceitar a sugestão do Sócrates e faltar na escola nesses próximos dois dias. Depois vem o final de semana e terei mais tempo para pensar.

– E nós, o que faremos, Sócrates?

– Otelo, nós vamos investigar a situação. A Nina vai se aproximar da Mary. Tentar entrar em contato, se tiver oportunidade levar algum recado do Alemão. Ela também deve estar aflita por notícias dele. Eu e Jéssica vamos sondar a situação familiar da Mary e ao mesmo tempo vamos checar o celular do Alemão. Precisamos descobrir se ele foi clonado, ou se em algum momento de distração dele alguém pegou o telefone e o utilizou para mandar as fotos.

– E eu, Sócrates, o que faço?

–Você vai ficar de babá do Alemão, Otelo!

– Fala sério!

– Não precisa disso, Sócrates, eu estou bem. Vou aproveitar esses dias para aumentar a carga de treino para a seletiva.

–Tudo bem, você está livre, Otelo!

– Ótimo, Sócrates, ninguém merece ser babá de um lutador de judô que vai disputar uma Olimpíada!

Todos caem na gargalhada e se despedem.

Otelo resolve ficar mais algum tempo com Alemão.

—Vou fazer uma vitamina para mim. Quer uma também?

— Aceito sim, Alemão! Estou com fome.

— Então, vamos até a cozinha que vou preparar algo pra gente comer.

Os dois amigos caminham até a cozinha, e Alemão prepara as frutas para fazer uma vitamina.

Começa descascando a maçã e as bananas. Coloca aveia e outros cereais. Depois das laranjas espremidas, ele bate tudo em um liquidificador. Coloca em dois copos grandes.

Eles ficam mais algum tempo conversando até que Otelo se despede do amigo e parte, mas antes de ir, promete voltar mais tarde.

AS PRIMEIRAS PISTAS

Mary fica no quarto e os olhos inchando a cada minuto, pois não para de chorar. Ela procura manter a porta trancada. Soluça sentidamente, lembrando dos momentos ao lado de Alemão.

Ela se assusta quando ouve algumas batidas na porta. Silencia por instantes tentando ignorar, mas a persistência das batidas faz com que ela se levante da cama e vá atender. Ela escancara a porta e rapidamente se joga na cama novamente.

— Até que enfim...

Com um travesseiro no rosto, ela responde:

— O que você quer aqui?

— Como sua irmã, quero saber como você está, só isso!

— Como é que você queria que eu estivesse, Sandra?

— A barra está pesada para o seu lado...

— Como é que essas fotos foram parar em redes sociais e espalhadas por WhatsApp?

— Não me comprometa, eu não tenho nada a ver com isso, só tirei as fotos a seu pedido, mais nada!

Mary fica em silêncio.

Sandra comenta:

— O papai está uma fera contigo. Está ameaçando até mudar você de escola...

— Eu não vejo outro jeito. Como é que vou continuar na escola onde todo mundo viu fotos dos meus seios? — e desaba a chorar novamente.

Sandra aproxima-se da irmã e coloca a mão sobre o ombro dela:

— Fique calma, tudo isso vai passar!

Os soluços aumentam.

Para surpresa das duas, a porta se abre:

—Tome, filha, você precisa comer alguma coisa...

— Não quero, mamãe!

— Sandra, me deixa sozinha com a sua irmã!

— Por que eu não posso ficar aqui?

— Quero conversar sozinha com ela, posso?

Com raiva, Sandra sai do quarto batendo a porta.

Ela se senta à beira da cama e puxa a cabeça da filha para o seu colo. Com muito carinho, vai coçando a cabeça da menina de maneira a acalmá-la.

— Então... — ela começa. — Não quer me contar o que aconteceu? Somos amigas e saberei entender. Se abrir seu coração, vou poder te ajudar mais facilmente.

Ela espera pacientemente por intermináveis minutos até que Mary começa a contar tudo.

***

No dia seguinte, na escola... Nina e Marina conversam:

— Essa história está muito esquisita...

— Por que, Marina?

— Qual é, Nina, vai me dizer que você não sabe que a Sandra está ficando com o Leo?

— Que Leo?

— Aquele carinha do 3º ano F, um que pratica judô.

— Aquele fortão todo esquisito?

— Esse mesmo, só que a Sandra é muito mais esperta que a Mary, ela se faz de boba e ninguém se liga nela.

Nina vê que Jéssica está chegando na quadra e diz:

—Vou nessa, Marina!

— Antes de ir, olha só essa foto!

— Nossa, isso é jogo sujo, fizeram uma montagem da foto da Mary. Isso não se faz, estão querendo detonar a garota mesmo, né?

— Não fui eu que fiz isso, só recebi pelo WhatsApp...

— Mas só de ficar repassando, já é jogo sujo...

– Eh... Qual é, Nina?

– Se fosse contigo, você gostaria disso?

Marina fecha a cara e sai andando.

Nina caminha em direção à Jéssica e a beija no rosto.

– Alguma nova? E, que cara é essa, Jéssica?

– Essa noite, mal consegui dormir, tive pesadelos novamente.

– Mas isso é normal contigo, é rotina com esse negócio de mediunidade, de falar com os mortos e essas coisas.

– Você sabe que não é bem assim, mas vou ficar bem. E aí, quais as novas?

– A única novidade é que a Marina me contou que a Sandra está ficando com o Leo!

– O Leo, aquele que é rival do Alemão no judô?

– Rival? Sabe que eu não tinha pensado nisso?

Nesse momento, Sócrates chega e beija as duas amigas. Elas explicam para ele a novidade.

– Precisamos pensar nisso com muito cuidado, porque não dá para sair acusando ninguém sem provas.

– Olha quem vem vindo! – Nina faz um sinal com o nariz apontando a direção.

De mãos dadas, Leo e Sandra se unem a mais três alunos na quadra da escola.

– Vamos ficar na nossa e fingir que nada está acontecendo. – Sócrates pede às duas.

Nina, que não deixa escapar nada, comenta:

– Todos estão rindo e olhando para o celular do Leo.

Eles silenciam, por breves instantes.

– Está juntando gente ao redor deles. Parece que está acontecendo algo. – Jéssica adverte.

O sinal do início da aula toca.

– Vamos para a classe, pessoal! Lá nós vamos descobrir o que está rolando! – Jéssica fala preocupada.

– E aí, pessoal! Já sabem da novidade?

— O que foi, Larry? — Sócrates indaga.

— O Alemão não é fácil, está rolando a foto de outra garota, dessa vez ela está nua.

Os três amigos se entreolham.

— E aí pessoal! — Otelo chega nesse instante.

—Tem certeza do que você está falando, Larry?

—Tenho sim, Jéssica! O celular que enviou as fotos tem o mesmo número do Alemão!

— Xiiiii... agora travou tudo! — Otelo diz coçando o queixo.

— Não sei o que dizer, nem o que pensar! — Nina lamenta entristecida.

— Estão armando legal para o Alemão!

—Vou nessa, Sócrates...

— Obrigada, Larry! — Jéssica agradece.

—Tem alguém querendo detonar o nosso amigo, mas nós vamos descobrir quem planejou tudo isso!

— Certamente que vamos, Otelo! — Nina fala demonstrando raiva na voz.

A SITUAÇÃO SE AGRAVA

Após a aula, os A.N.J.O.S. se reúnem novamente:

— E agora, o que vou fazer?

— Calma, Alemão, vamos resolver isso, mas temos de ir com calma.

— Eu sei, Sócrates, mas é difícil se controlar enquanto estão armando comigo desse jeito.

— A Sandra está ficando com o Leo, você sabia disso, Alemão? — Jéssica pergunta.

— A Mary comentou comigo qualquer coisa, mas o que tem isso, Jéssica?

— Se ele é seu rival, será que não se aproveitou em algum momento para pegar as fotos que a Sandra tirou?

— Nada a ver! O Leo é meu *brother*, pode apostar!

— Será mesmo? Mas temos uma notícia péssima para te dar...

— Outra, Sócrates? — ele diz isso sentando-se na cadeira.

— Pois é, irmão! Está rolando na escola a foto de uma garota nua enviada pelo seu celular.

— Sério?

— É verdade, Alemão! — Nina comenta entristecida.

— A melhor coisa a fazer é bloquear seu celular, Alemão!

— O Otelo tem razão, pessoal! — Sócrates concorda animado.

— Por que não pensamos nisso antes? — Jéssica pergunta.

— Vamos fazer isso agora, antes que divulguem novas fotos. — Nina diz com convicção.

Alemão pega o celular e liga para a operadora pedindo o bloqueio do número.

— Mas e agora? — ele fala desligando o telefone. — Como vou fazer para voltar à escola? E a Mary? Ela foi exposta. O pai dela vai me matar por causa disso.

— Calma, Alemão, uma coisa de cada vez. Estamos com você e iremos te ajudar, você é um A.N.J.O.S., ainda temos mais alguns dias para desmascarar quem fez isso.

— Eu sei, Sócrates, conto com vocês, mas quem é que vai acreditar em mim? E outra coisa, se esse escândalo ficar sem solução eu vou "dançar" na seletiva para as Olimpíadas!

—Tudo vai dar certo, Alemão, confie em nós! — Jéssica pede com confiança.

Nesse momento, a mãe de Alemão entra na sala.

— Olá, dona Rita! Como vai?

— Estou bem, Jéssica, e vocês garotos, como estão?

— Estamos bem, dona Rita! — Sócrates responde por todos.

— Que bom! Vou preparar um suco para vocês...

— Obrigado, mãe, assim que nossa reunião acabar eu aviso a senhora!

Ela olha para os cinco jovens ali presentes e diz sorrindo:

— Cuidado, meninos, não vão se meter em nova confusão outra vez!

— Pode deixar, dona Rita, eu tomo conta deles. — Nina afirma com alegria.

Dona Rita sai da sala, e eles retomam a conversa.

— Acho que deveríamos ficar de olho no Leo, mesmo que o Alemão não concorde. — Otelo afirma.

— O Otelo tem razão, Alemão, por mais que o Leo seja do bem, a única suspeita recai sobre ele. As fotos da Mary saíram da casa dela de alguma maneira. E outra coisa, ele tem todo interesse em te prejudicar, por ser seu concorrente direto a uma vaga na Olimpíada.

— Eu já competi com ele pelo campeonato estadual e pelo brasileiro, Sócrates.

— E qual foi o resultado? — Nina questiona.

— Eu ganhei dele no estadual e perdi no brasileiro.

– Então, existe um empate técnico... – Otelo comenta sorrindo.

– Sai dessa, Otelo, eu nunca me desentendi com o Leo. A gente sempre se deu super bem!

– Mesmo assim a gente vai ficar de olho nele. Otelo, você tem como segui-lo, junto com a Nina?

–Tenho sim, Sócrates!

– Então, vamos aproveitar o final de semana para ir atrás de alguma informação nova. Vocês concordam?

– E eu, Sócrates?

– É melhor você ficar treinando, Alemão! Faz um esforço e fica na sua. Em algumas lutas é melhor aparecer apenas no final.

–Tudo bem, Sócrates, vou fazer isso.

Dona Rita aparece na porta:

– O suco já está pronto e tem também pipoca que eu preparei para vocês. Quem vai nessa?

– Eu ajudo, dona Rita! – Nina fala animada.

– Eu também ajudo! – Jéssica vai atrás das duas que saem da sala para buscar as coisas.

–Você sabe onde mora o Leo, Alemão?

– Sei sim, te passo o endereço, Otelo.

– Beleza, logo que sair daqui vou fazer um reconhecimento da área para me familiarizar.

– Faça isso, Otelo, talvez você nos traga novidades!

– Duvido, Sócrates, o Leo é gente boa!

– Espero que sim! – O líder do grupo comenta.

As garotas voltam trazendo duas jarras com suco de acerola e três tigelas de pipoca.

Duas horas depois, eles se despedem.

Antes de saírem, eles colocam as mãos umas sobre as outras e dizem ao mesmo tempo:

– A.N.J.O.S.!

***

No começo da noite, duas personagens conhecidas namoram em uma praça muito bonita da cidade.

–Você quer sair para um lanche mais tarde?

Ela encosta a cabeça no peito dele e diz:

–Você é tão importante para mim, Sócrates!

Carinhosamente, ele encosta os lábios na boca dela e a beija apaixonadamente.

Ela o envolve num carinhoso abraço.

– Eu te amo!

–Também te amo, Sócrates!

Após alguns minutos de silêncio:

– Estou sentindo tontura, Sócrates...

– O que houve?

Os olhos de Jéssica brilham intensamente e sua fisionomia se altera:

– Jéssica, o que está acontecendo com você?

MENTES INVISÍVEIS

— Vocês devem tomar cuidado com os perigos invisíveis.

A voz de Jéssica está mais grave e mansa, embora revele firmeza em cada palavra. — e ela continua:

— Os dois lados da vida influenciam um ao outro. Evitem revidar agressão com outra agressão, para que a situação não se agrave mais ainda.

Sócrates está nervoso, ele nunca vira a namorada ficar daquele jeito, parecia outra pessoa. Corajosamente ele indaga:

— Jéssica, o que está acontecendo? Por que sua voz está assim?

— Acalme-se, sou apenas um amigo invisível que acompanha vocês há algum tempo!

— Por que ela está assim?

— Jéssica é médium e nesse momento eu falo pela boca dela. Não há o que temer. Seja qual for a dificuldade que surja, evitem ser os instrumentos que geram a maldade e a violência. Vocês passarão por momentos difíceis, que só podem ser superados se a paz e a união forem mantidas...

— O que irá acontecer... — a voz de Sócrates cessa. — O que vai acontecer?

Sócrates insiste, mas o rosto de Jéssica vai voltando ao normal e ela abre os olhos um tanto atordoada.

Ele a abraça indagando:

— Você está bem?

— Estou ainda um pouco tonta, mas me sinto melhor.

— Como foi que isso aconteceu? O que você sente nessa hora?

— Eu estava de boa, de repente minha cabeça foi experimentando um tipo de dormência dentro dela...

— Que estranho, como é isso?

— Não sei, o pensamento fica se repetindo várias vezes dentro da minha cabeça, é sempre o mesmo, até que começo a falar automaticamente tudo que vem à mente. Já aprendi algumas coisas sobre isso no centro espírita. O que aconteceu foi uma comunicação espiritual. Eles chamam de psicofonia.

— Psico... o quê?

— Psicofonia, os espíritos falam pela boca do médium quando querem transmitir uma mensagem.

— O espírito falou por sua boca? Nossa, irado isso!

— Isso mesmo. Esse que se comunicou foi um amigo espiritual que nos protege e orienta. Me senti muito bem e uma grande paz durante a comunicação. Ele veio nos aconselhar. Você teve medo?

— Nem um pouco, pelo contrário, me senti muito bem com a presença dele. Já imaginava que fosse isso, pois você já tinha me falado dessas coisas.

— Ainda bem! – ela comenta aliviada.

— Mas foi bem na hora em que a gente namorava. O que será que ele quis dizer com: "Vocês vão passar por momentos difíceis"?

— Não sei! Mas é melhor a gente avisar a galera.

— Faremos isso amanhã!

***

— Então, mais um pouco e a gente consegue detonar de vez aquele cara!

— O plano para conseguir expulsar ele da escola ainda vai rolar, amor! – Marina fala isso passando a mão nos cabelos de Leo.

— A idiota da Sandra está me saindo uma marionete, uma ajudante perfeita para os meus projetos. Quanto ao plano para expulsar o Alemão da escola, vai rolar assim que ele voltar.

— Ele vai ter uma bela surpresa, porque sempre acreditou em você.

— Ele é um idiota, Marina, e eu vou acabar com ele. Não perco a oportunidade de disputar essa Olimpíada por nada desse mundo.

— Mas pelo que eu sei, ele já te derrotou no campeonato estadual, não foi? — ela diz isso com intenção de provocá-lo.

— Isso é verdade! Mas a forra vem agora, na seletiva dos jogos olímpicos. Ele não perde por esperar. Além disso, quando ele chegar na seletiva vai estar fora da escola, expulso e sem moral com mais ninguém. Quando chegar na seletiva, eu vou ralar as costas dele no tatame. Vai ser o maior *ippon* de todos os tempos!

— Precisamos tomar cuidado com o Sócrates e com aqueles outros panacas que andam com ele!

— Pode deixar, Marina, eles vão receber a cota deles também!

Dizendo isso, ele a abraça e, então, se beijam apaixonadamente.

— Vê se termina logo com isso, que eu não aguento mais te ver abraçado com aquela branquela da Sandra. Ela se acha muito esperta e nem imagina que nos ajudou a detonar a Mary e o Alemão.

— Não se preocupe, princesa! — ele diz acariciando o rosto dela. — Mês que vem é a seletiva, bem antes disso eu terei o grande prazer de mandar a Sandra se catar!

Eles não percebem, mas ao lado deles dois jovens invisíveis dão gargalhadas de satisfação, falando entre si:

— Por enquanto, está fácil induzir esses dois a fazerem o que queremos, não é, Bill?

— São instrumentos perfeitos e têm os mesmos desejos que a gente, por isso fica fácil, Ítalo!

— Vamos continuar seguindo os dois para continuar influenciando com toda nossa determinação. — Ítalo fala com um sorriso sinistro.

— Eles nem percebem que muitas vezes somos nós que conseguimos induzi-los a fazer o que queremos!

— Isso mesmo, Bill! Nossos planos caminham bem, mas não podemos facilitar para que outros espíritos venham e atrapalhem nossos projetos.

— E agora, o que vamos fazer? — Ítalo indaga curioso.

– Continuaremos atrás deles. Mantendo nossas mentes em sintonia com a mente do Leo e da Marina, dificilmente eles vão deixar de fazer o que queremos. – Bill fala com satisfação.

– Então, vamos acompanhá-los!

–Vamos, Ítalo. Não podemos baixar a guarda!

Os dois jovens espíritos com seus aspectos sinistros movimentam-se junto a Marina e Leo.

MUDANÇAS

— O que eu soube é que a Mary vai mudar de escola.

— Quem é que te disse isso, Nina? — Alemão fala inconformado.

— A própria Sandra comentou comigo, foi assim que fiquei sabendo!

— Quando descobrir quem fez isso com a gente, eu vou arrebentar.

— Nada disso, Alemão! — Sócrates fala, chegando junto com Jéssica.

— O ódio não dá conselhos legais, Alemão, ele deixa qualquer um cego, cuidado! — Jéssica afirma com carinho na voz.

— Eles estão certos, Alemão... — Nina emenda.

— Parece que os maus sempre ganham a parada!

— Pode parecer que sim, Alemão, mas vamos olhar mais à frente para saber o que vai acontecer.

— E aí galera, perdi alguma coisa? — Otelo indaga, aproximando-se do grupo.

— O melhor é não revidar pancada com pancada. Se fizermos isso seremos iguais aos que nos agrediram primeiro. Violência é trevas, estamos fora!

— Por que esse discurso, Jéssica? — Nina questiona a amiga.

— Ouvimos essa orientação de um espírito amigo que falou pela boca da Jéssica. — Sócrates explica. — Ele pediu para nos mantermos unidos para vencer as lutas que teremos em breve.

— Uau! — Otelo se admira. — Então, estamos recebendo orientações diretas da galera do lado de lá?

– É verdade, galera! E isso aumenta a nossa responsabilidade em fazer as coisas corretamente. Não podemos ficar vacilando com bobagens e dando pancada em quem não pensa como a gente!

– Beleza, Sócrates! – Nina concorda sorrindo.

Alemão parece estar disperso, longe, muito longe.

– Alô! Planeta Terra chamando! – Otelo brinca, provocando Alemão.

– Está tudo bem, Alemão?

–Tudo certo, Nina. Está tudo bem.

Jéssica observa o amigo em silêncio e admite para si mesma que Alemão anda muito estranho, mas prefere não valorizar a sua intuição.

– A Mary vai sair da nossa escola e não podemos fazer nada para ajudar. Isso me dói demais, me sinto culpado de certa forma.

– Nada disso, Alemão, não foi você quem divulgou as fotos. – Otelo tenta amenizar as coisas.

– Mas ter ficado com ela durante aquela noite foi muita irresponsabilidade da minha parte. Disso não posso fugir. – ele faz uma pausa e prossegue. –Ter passado a noite com ela agravou mais a situação.

Alemão baixa a cabeça, e colocando as mãos no rosto chora muito sentidamente.

Os amigos se entreolham e ficam sem saber o que fazer.

Até que Nina fala, procurando mudar o astral:

– Pessoal, olha o que eu trouxe...

E abrindo a bolsa, retira sua flauta e começa a tocar a música, "Quase sem querer", da Legião Urbana.

No mesmo instante, Otelo começa a cantarolar a letra.

Alemão continua de cabeça baixa, mas para de chorar.

Nina toca aquela música porque sabe que ele gosta muito e quando canta a letra sua imitação da voz de Renato Russo é perfeita.

Para alegria de todos, ele ergue a cabeça e sorrindo começa a cantar, imitando o vocalista da famosa banda.

Sócrates e Jéssica começam a dançar.

Otelo pega o violão que estava no canto da sala e começa a tocar junto com Nina.

Tenho andado distraído
Impaciente e indeciso
E ainda estou confuso
Só que agora é diferente
Estou tão tranquilo
E tão contente

Quantas chances desperdicei
Quando o que eu mais queria
Era provar pra todo o mundo
Que eu não precisava
Provar nada pra ninguém

Me fiz em mil pedaços
Pra você juntar
E queria sempre achar
Explicação pro que eu sentia

Como um anjo caído
Fiz questão de esquecer
Que mentir pra si mesmo
É sempre a pior mentira

Mas não sou mais
Tão criança a ponto de saber tudo

Já não me preocupo
Se eu não sei por que
Às vezes o que eu vejo
Quase ninguém vê
E eu sei que você sabe

Quase sem querer
Que eu vejo o mesmo que você

Tão correto e tão bonito
O infinito é realmente
Um dos deuses mais lindos

Sei que às vezes uso
Palavras repetidas
Mas quais são as palavras
Que nunca são ditas?

Me disseram que você
estava chorando
E foi então que percebi
Como lhe quero tanto

Já não me preocupo
Se eu não sei por que
Às vezes o que eu vejo
Quase ninguém vê
E eu sei que você sabe
Quase sem querer
Que eu quero o mesmo que você.

(Quase sem querer - Legião Urbana)

Ao final da música, todos batem palmas e se abraçam.

– Logo isso tudo vai passar, Alemão, pode acreditar! – Jéssica diz, abraçando o amigo.

– Qual vai ser o próximo passo? – Alemão pergunta ansioso.

– Vamos partir para a ação. – Sócrates afirma. – Agora é o momento de colocar em prática nosso plano. E a Mary, Nina?

– Vou fazer uma visita para ela hoje à tarde.

– Leva um recado para mim?

— Levo sim, Alemão!

— A linha ficou mesmo bloqueada?

— Ela está bloqueada, Otelo.

— Maravilha! Pelo menos ninguém vai suspeitar de você, caso pinte uma nova foto no celular dos alunos da escola.

—Vamos levantar a cabeça e não desanimar. O Alemão tem de estar inteiro para a seletiva dos jogos olímpicos.

— Estarei preparado, Sócrates, pode apostar.

— Quando acontece a primeira fase da seletiva?

— Na semana que vem, Sócrates.

— Estaremos presentes para te apoiar. — Jéssica informa.

— Conto com vocês!

— Pode contar, Alemão! — Nina afirma com entusiasmo.

—Vamos dar um *Ippon* no pessimismo! — Otelo faz o gesto como se estivesse dando um golpe do judô.

Todos caem na gargalhada.

O SEXTO A.A.N.J.O.S.

— A reunião foi positiva, galera.

— Foi mesmo, Sócrates, agora é partir para a investigação direta para que esse pesadelo do Alemão chegue ao fim. — Otelo concorda com o líder do grupo.

Eles estão espalhados pela sala. Jéssica e Nina sentadas no chão em duas almofadas. Sócrates e Alemão acomodados nas duas poltronas e Otelo de pernas cruzadas sentado em um Puff.

Involuntariamente, eles ficam em silêncio, até que são surpreendidos por Jéssica, que modifica suas feições.

Nina, Otelo e Alemão olham para Sócrates, que coloca o dedo nos lábios pedindo silêncio.

Igual a outra comunicação, a voz de Jéssica se modifica e todos ficam na expectativa.

— Salve galera A.N.J.O.S., agradeço a Deus por poder estar aqui com vocês. Venho trazer para o grupo uma mensagem de esperança. Como vocês, muitos jovens pelo mundo afora enfrentam as lutas nessa escola chamada Terra. Chegou a hora de unir os nossos esforços no bem. Juntar os jovens desse lado da vida, os que são invisíveis aos olhos, mas que estão ligadinhos pelo coração aos jovens que estão vivendo na Terra. Estamos ligados uns aos outros pelos sentimentos e desejos que alimentamos.

Os A.N.J.O.S. ouviam aquelas palavras com muita atenção e respeito. A voz transmitida por Jéssica chegava aos ouvidos e corações de todos.

Uma breve pausa na fala do jovem espírito e Otelo não perde tempo e pergunta:

— Podemos saber qual é o seu nome?

— Certamente! Me desculpem por não ter me apresentado, me chamo Ângelo.

— E você, Ângelo, nos acompanha desde quando? — Otelo prossegue em suas perguntas.

— Desde que vocês se uniram para essa causa legal de auxiliar outros jovens eu me uni a vocês, mas só agora pude me apresentar.

— Então, você está com a gente há um tempinho.

— Sim, Otelo! Acompanho vocês desde a luta com Andrezinho, e o drama de Julieta. Eu e outros jovens daqui dessa dimensão nos esforçamos para inspirar bons conselhos a vocês em seu trabalho de ajudar e amparar outros jovens.

— Irado isso! — Nina comenta animada.

— É irado o amor de Deus por todos nós, Nina. Ele nos permite auxiliar uns aos outros, mesmo depois que a vida física cessa para alguns. O amor e o bem são elos da corrente que une a todos nós!

— Beleza, Ângelo! — Otelo diz animado e cheio de intimidade com o espírito amigo.

— Nós não podemos fazer nada substituindo vocês. Podemos apenas, sempre que for possível, inspirar e trazer alguns conselhos para enfrentar as lutas da vida.

— Então, podemos dizer que você é o sexto do grupo A.A.N.J.O.S.? — Alemão pergunta com largo sorriso.

— Somos todos jovens projetos de Deus, para nos tornarmos ANJOS no futuro. Galera, não esqueça, não alimente o mal, nem use da violência para alcançar seus objetivos. Se o caminho das conquistas passar pela maldade, nada lhe pertencerá. Vale a pena se ligar nessas informações.

— Obrigado, Ângelo! — Sócrates agradece.

— Estamos juntos, enquanto o bem nos unir!

Jéssica vai retomando suas feições naturais.

Eles ficam em silêncio, refletindo em todas as palavras de Ângelo, o sexto A.A.N.J.O.S.

***

—Você vai mudar de escola.

— Mas papai...

— Não tem "mas", a situação ficou insustentável e a minha única alternativa é te tirar do Monteiro Lobato.

Mary enxuga as lágrimas que insistem em correr copiosas.

— Filha, se eu pudesse, não faria isso...

— Se ao menos você desse uma chance para o Alemão se explicar.

— Nem quero ouvir você falar desse cara!

—Você não é esse homem intransigente que está querendo parecer, querido. — a mãe de Mary intervém com muito carinho e respeito pelo marido. — O que vai te custar ouvir o que ele tem a dizer?

Ele para e reflete. Contempla o olhar suplicante da filha e diz:

—Tudo bem, filha, eu vou dar uma chance para esse rapaz me contar a versão dele sobre o que aconteceu.

—Vou falar com ele, assim que possível.

— Eu espero...

— Agora vamos almoçar?

— Obrigada, mamãe!

Sandra que ouve toda a conversa do seu quarto dá de ombros. Ela está olhando para o celular cujo papel de parede é uma foto de Leo vestindo seu quimono. Suspirando, acaricia a tela do celular e beija dizendo em voz alta:

—Te amo...Te amo...

— Ama quem, filha? — O pai indaga da porta.

— Nada não, pai, nada não...

—Venha almoçar!

Sandra levanta-se imediatamente e vai se juntar à família.

Durante o almoço todos permanecem em silêncio.

***

Duas horas depois...

— Acho que é por aqui, Nina, o número é 665. Que muro alto!

— É mesmo, Otelo, deve ser aqui, vou tocar a campainha. — Nina estica o braço para alcançar a campainha e consegue com a ponta dos dedos.

— Será que não tem ninguém? — Otelo indaga impaciente.

— Quem é? — pergunta uma voz masculina vinda do outro lado do muro.

— Boa tarde, somos amigos da Mary e viemos fazer uma visita.

— Que amigos?

— Nina e Otelo, do Colégio Monteiro Lobato. — Nina responde por eles.

—Tudo bem, vou abrir o portão.

O portão se abre com rangidos de dobradiças enferrujadas.

— Podem entrar! Sou o pai da Mary.

Receoso, Otelo estende a mão e Nina faz o mesmo:

— Muito prazer... — ele diz timidamente.

— Não se preocupem, não mordo. — o pai de Mary fala sorrindo. — Sigam por aqui.

No interior da casa:

— Filha, seus amigos estão aqui. — e olhando para os dois recém-chegados, indica. — Sentem-se ali, e fiquem à vontade.

— Obrigado, senhor!

— O senhor está no céu!

— Sim senhor! — Otelo diz desconcertado sem saber o que dizer.

— Nina... Otelo... — Mary corre de braços abertos para os dois. — Que bom que vocês vieram me ver.

— Não viemos antes porque não sabíamos como estavam as coisas. — Nina fala abraçando Mary com entusiasmo.

Otelo por sua vez afirma:

— Estávamos com muita saudade e preocupados com você!

— A vinda de vocês foi providencial, porque meu pai aceitou ouvir a versão do Alemão.

— Sério? — Otelo indaga, sentando-se no sofá. — Será que ele vai ter essa coragem?

— E por que não teria, Otelo? — Nina questiona o amigo.

— Desculpe, falei bobagem. Ele tem coragem sim, e assim que receber a notícia virá te ver.

— Mas, me contem as novidades, como estão as coisas na escola?

— Surgiram novas fotos, dessa vez com uma garota nua, mas ela não é da escola. — Nina conta.

— Mas quem divulgou as fotos?

— Foi do mesmo celular, do Alemão.

— Isso não é possível! — Mary afirma.

— Nós sabemos que não foi o Alemão, mas o celular dele foi clonado, disso nós temos absoluta certeza.

— Eu sei, Otelo, confio nele!

— Qual o nome do seu pai, Mary?

— Meu pai se chama Lino.

— Acho melhor o seu Lino não tomar conhecimento dessas outras fotos, pelo menos enquanto ele não conversar com o Alemão.

— O Otelo tem razão, Mary, deixe que o próprio Alemão conte tudo para ele.

— Concordo com vocês, farei isso!

Sandra, do corredor, ouve toda a conversa e depois de alguns minutos se recolhe ao seu quarto.

A VOLTA À ESCOLA

Na portaria do colégio, Jéssica e Sócrates aguardam pela chegada dos outros A.N.J.O.S. para que solidariamente todos entrem unidos. Não demora muito tempo para que Otelo e Alemão cheguem juntos.

— Só falta a Nina, cadê ela? — Alemão indaga.

— Ela não deve demorar, pessoal, vamos esperar um pouco. — Jéssica pede aos amigos.

Alguns alunos que passam pela portaria não deixam de observar a presença de Alemão com discreto espanto e desconfiança. Todo esse comportamento gera certo desconforto. Mas a grande surpresa estaria para acontecer.

Em poucos minutos, Leo vem chegando à portaria da escola e no instante que passa por Alemão, ironiza:

— Pensei que a direção da escola tivesse te expulsado!

Alemão, que até aquele momento acreditava que ele e Leo fossem amigos, surpreende-se e sem entender a colocação do recém-chegado, indaga:

— O que você quer dizer com isso? Não entendi!

Leo se aproxima do rosto de Alemão e dispara:

— Pensei que a direção tivesse te expulsado da escola. Não deviam deixar entre nós, garotos que abusam das alunas!

Alemão fica furioso, mas controlando o que sente, afirma:

— Não sei do que você está falando, pois meu celular foi clonado e alguém, que vou descobrir quem é, fez essa armação comigo.

Começa a juntar gente na portaria da escola, e é justamente esse o propósito de Leo: quanto mais escândalo melhor, para que Alemão se torne uma pessoa cada vez mais envolvida em confusão.

Ao lado de Leo, os dois acompanhantes invisíveis: Ítalo e Bill se divertem com o possível confronto.

— Leo cospe no chão, insulta mais para que ele perca a cabeça! — Ítalo fica falando no ouvido de Leo, tentando influenciá-lo mentalmente.

— Isso mesmo! — Bill também promove a indução mental. — cospe no chão!

A situação agrava-se quando Leo aproxima-se de Alemão, e olhando em seu rosto, cospe no chão, dizendo:

—Você me dá nojo!

Sócrates segura Alemão pelo braço esquerdo e Otelo se aproxima segurando o braço direito dele.

— Não reaja... — Sócrates diz em seu ouvido.

— Não vai fazer nada? — Leo provoca desafiadoramente.

—Vamos embora, Alemão! — Jéssica se aproxima e pega na mão do amigo, levando-o dali.

A galera começa a dispersar e todos vão para a sala de aula, pois o sinal de início das aulas já havia tocado.

Mas, as coisas não seriam fáceis para o Alemão em seu retorno às aulas, e na classe ele recebe um recado para se apresentar na sala da direção.

O diretor da escola o recebe e pede que ele explique o que está acontecendo.

Alemão conta tudo, sem deixar nada de lado.

Por ser um aluno dedicado, que sempre se esforçou para cumprir com sua responsabilidade, o diretor decide não tomar nenhuma decisão precipitada.

— Quando você vai ter uma resposta da operadora de celular sobre a clonagem do seu telefone?

— Hoje à tarde, Sr. Olegário. Assim que eu receber algum documento comprovando a clonagem, eu entrego em suas mãos.

– Mas você sabe que irá sofrer algumas perseguições e provocações, não sabe?

– Sei sim, mas não vou reagir.

–Tem certeza?

–Tenho sim, pode ficar tranquilo, não vou causar confusão.

– Confio em você e vou esperar. Se eu posso te dar um conselho, fique fora de qualquer confusão, pois se acontecer qualquer coisa, algumas pessoas virão até aqui para pedir sua cabeça.

– Pode deixar, Sr. Olegário, farei de tudo.

O diretor aperta a mão de Alemão e ele volta para a classe.

O professor Arantes, de Filosofia, autoriza sua entrada em sala de aula.

As aulas antes do intervalo transcorrem normalmente.

Chega o intervalo, e todos os cinco A.N.J.O.S. caminham para a quadra de esportes. Do outro lado da quadra, Leo e Marina conversam e de vez em quando olham na direção de Alemão.

– Ué! Cadê a Sandra? – Nina indaga, estranhando a ausência da irmã de Mary ao lado de Leo.

– Era para estar com o Leo, não é, pessoal?

– Sim, Otelo, mas ela deve ter faltado por um motivo qualquer.

– Que nada, Jéssica, olha lá ela chegando. – Alemão comenta.

– Acho que as coisas daquele lado não estão muito bem. – Nina sugere.

– Mas também, a Marina não desgruda do Leo.

–Tem razão, Jéssica. Isso não vai acabar bem! – adverte Nina.

De repente todos se assustam, pois Sandra empurra Marina que cai na quadra.

– Afaste-se do Leo! – Sandra grita alucinada.

–Você vai me pagar caro, garota! – Marina grita, partindo para cima de Sandra.

A quadra fica lotada de gente em volta das duas que se engalfinham. Alguns filmam pelo celular e gritam:

– Briga, briga, briga...

Ao lado das duas, Ítalo e Bill se divertem com aquela situação. Aproveitam-se do estado de cólera de ambas para pedir por mais agressões ainda.

Ninguém os vê, mas eles estão ali semeando a confusão.

Alemão corre para separar as duas junto com Sócrates e os outros A.N.J.O.S..

Leo fica indiferente à briga que corre solta. E quando uma garota pergunta se ele não ia fazer nada, ele simplesmente responde:

— Problema delas!

Alemão ouve isso e tem vontade de cobrar de Leo uma atitude, mas desiste.

Sócrates, Nina e Jéssica separam as duas que estão grudadas, uma no cabelo da outra.

A inspetora de alunos chega e encaminha as duas para a direção.

Após a confusão, Jéssica comenta com os amigos:

— Senti algo muito ruim durante a briga.

—Tudo é ruim quando existe violência, né amiga?

— Eu sei, Nina, me refiro à presença de espíritos ignorantes que aumentam mais ainda o ódio e a raiva com a influência deles.

— Jéssica, você quer dizer que existem espíritos que ajudam a criar essas situações?

— Isso mesmo, Otelo, a galera não percebe, mas quando damos sintonia em nossos pensamentos e sentimentos para a cólera, esses espíritos perturbados são atraídos como mosca para junto da gente. É como mosca em cima de uma ferida.

— Nossa, Jéssica! Quer dizer que maus sentimentos e maus pensamentos são como feridas invisíveis?

— Isso mesmo, Alemão! Quando a maldade se instala em qualquer lugar, tudo fica infestado por espíritos que cultuam a maldade.

— Então o Ângelo, o sexto A.A.N.J.O.S., tinha razão quando nos pediu para não revidar as agressões?

— Isso mesmo, Nina, se pela manhã o Alemão tivesse reagido às provocações do Leo, a essa hora a barra estaria mais pesada para o lado dele.

– Precisamos ser diferentes da maioria. Precisamos agir, galera, nada de reagir ao comando dos outros! – Sócrates afirma com determinação.

Olhando à sua volta e percebendo que não há ninguém, Sócrates chama os amigos e, espalmando a mão, diz com emoção:

– A.N.J.O.S.!!! – E todos unem as mãos simbolizando a união do grupo. Sem que eles percebam uma sexta mão, essa invisível, se junta às mãos deles, era Ângelo que estava ali.

RISCOS

— Foi loucura sua brigar com a Sandra na escola. Você está louca? Quer pôr tudo a perder?

Marina morde os lábios de raiva, por ter de aturar o garoto que ela ama envolvido com a branquela da Sandra.

— Ela mereceu e ainda vai ter mais!

— Não atrapalhe meus planos, entendeu? — Leo diz isso apertando o braço dela.

— Me solte...

— Ou você colabora, ou está fora da minha vida, pode escolher!

Marina não consegue imaginar a vida sem ele. Ama-o mais do que tudo e ficar sem seu amor será o fim da vida. Pensando nisso, ela se contém e prefere se calar, mas mentalmente promete a si mesma que Sandra pagará muito caro por tudo aquilo.

— Compre umas flores e mande entregar na casa da Sandra! Preciso reparar a burrada que você fez.

— Eu comprar flores para aquela...

— Faça isso hoje, estou indo treinar! E não esqueça de mandar um cartão apaixonado junto com as flores.

— Eu não vou fazer isso, nem morta!

— Vai sim, pois foi você quem arrumou essa confusão. Tchau!

Ele sai batendo a porta, deixando-a furiosa.

Sem conseguir dominar a raiva que sente, Marina chora muito e depois sai para comprar as flores.

***

— Será que eu mereço isso? — Sr. Lino se lamenta. — Minhas duas filhas precisam mudar de escola porque não têm educação. Uma passa a noite na rua, a outra briga como moleque dentro da escola. Vocês querem me matar de vergonha? A Mary já vai ser transferida... Agora eu faço o que com a senhora, hein, dona Sandra?

As duas ouvem o desabafo do pai, em silêncio, pois sabem que ele tem toda razão.

— E me disseram que você brigou na escola por causa de um garoto? É verdade isso? Vamos, me responde?

— Sim, papai... — Sandra fala num sussurro.

— E quem é ele? Posso saber?

— É o Leo, pai.

— Que Leo é esse?

— Ele estuda e está se preparando para as seletivas de judô, para representar o Brasil nos jogos olímpicos.

— Mas o outro também não está fazendo isso, ou estou enganado, Mary?

— Não está enganado, papai, é verdade!

— Meu Deus, será que a minha casa está sendo invadida por um grupo de lutadores de judô? Minhas filhas só sabem se envolver com lutadores?

— Calma, Lino, foi apenas uma coincidência. — a esposa tenta acalmá-lo.

Nesse instante, a campainha da casa toca.

— Quem pode ser agora? Vá ver quem é, Mary!

Assim que ela abre o portão, seu coração quase lhe sai pela boca. É ele que está ali diante dos seus olhos.

— Oi, Mary! — ele diz com grande sorriso.

Ela mal consegue conter a emoção e rapidamente o abraça.

Ele não imaginava a imensidão de sonhos que havia despertado naquela alma feminina.

— É melhor entrar...

Em silêncio, ele a segue.

— Pai! — ela fala assim que entra. — Esse é...

O pai a interrompe:

– Eu sei quem ele é. – e fazendo breve suspense, conclui apontando uma cadeira. – Pode se sentar.

– Sr. Lino... – ele tenta iniciar a conversa.

– Um minuto, rapaz... – então ele se dirige à Mary, à esposa e à Sandra. –Vocês podem sair e me deixar aqui sozinho com ele?

Estampando grande frustração no rosto, elas saem contrariadas. Elas vão para o quarto e de lá tentam ouvir alguns trechos da conversa, mas não conseguem perceber nada.

A sós com Alemão, Sr. Lino, depois de ouvi-lo, revela todas as preocupações de pai.

Surpreende-se quando Alemão afirma que vai acompanhar Mary na transferência para a nova escola. Diz que estando junto com ela, todos vão perceber que o que existe entre eles é algo sério, e se algum boato vazar para a nova escola, ele estará com Mary em todos os instantes.

Sr. Lino surpreende-se com a maturidade e o comportamento do Alemão. Reflete muito enquanto conversa e deduz que permitir o namoro dos dois seria a melhor maneira de proteger a própria filha.

– Qual o seu nome, filho?

Alemão surpreende-se pelo rumo paternal que a conversa toma. Por breves instantes, pensa no pai que lhe faz tanta falta.

– Meu nome mesmo é Anderson, mas estou tão acostumado a ser chamado de Alemão.

– Certo, Anderson Alemão, senti sinceridade em suas palavras e vou autorizar seu namoro com minha filha...

– Sério???

– Sério!!! Por tudo que você me contou vou lhe dar uma oportunidade de provar se seu discurso combina com seu comportamento.

– Obrigado, Sr. Lino, eu e a Mary nunca "ficamos". Não concordo com essas coisas...

– Nunca "ficamos", o que significa isso, Sr. Anderson Alemão?

Alemão percebe que é melhor mudar de assunto, pois pode ser mal interpretado nessas coisas de "ficar".

– Quero muito contar com o apoio da Mary na seletiva dos jogos olímpicos.

– Hum... sei... – Sr. Lino percebe a intenção dele, mas resolve deixar para lá e ainda o ajuda, comentando. – Acompanhei as lutas do judoca Aurélio Miguel, quando ele conquistou medalha na Olimpíada de Seul.

E eles ficaram ali conversando sobre esportes durante um tempo.

No quarto, as três abrem a porta e conseguem ouvir uma gargalhada vinda da sala, o que deixa todas curiosíssimas sobre o conteúdo do que se fala. Então, elas se assustam quando Sr. Lino entra no quarto onde elas estão, e diz:

– Mary, já terminamos a conversa, vá levar o Anderson Alemão até o portão!

MUNDO PARALELO

Jéssica adormece...

Poucos minutos depois, ela olha para o lado e se vê de pé ao lado da própria cama. Contempla seu corpo físico adormecido e se surpreende com a presença daquele jovem que lhe sorri, dizendo:

—Tudo bem, Jéssica?

—Tudo. – ela responde um pouco confusa. – Mas onde estou?

– Você adormeceu fisicamente e agora está desdobrada espiritualmente no mundo espiritual.

– Quem é você?

– Desculpe não ter me apresentado, mas você já me conhece de certa forma. Sou Ângelo, um espírito amigo.

– Como você é jovem!

– Somos todos jovens na vontade e desejo de fazer o bem. De revolucionar o mundo para melhor.

– Quando acordar, vou lembrar que estive com você?

—Vai ter algumas lembranças confusas, mas vai sim.

—Você também aparece para os outros A.N.J.O.S.?

– Estou sempre com vocês, mas sabe como é, nem todos têm sensibilidade para registrar a presença da gente. Aqui desse lado também tem uma galera que se esforça para ajudar quem está no mundo material.

– Eu tenho certeza disso, só não sabia que a ajuda era tão direta assim.

—Você nem imagina o quanto estamos próximos! – Ângelo sorri e continua. – Jéssica, tudo é questão de sintonia mesmo. Se liga! Vivemos em um mundo de energias, e cada um cria a sua de acordo com o que deseja. Então, funciona assim, nós buscamos sempre pelos interesses que temos.

— Muito dez isso! — Jéssica comenta entusiasmada.

—Também acho! Temos um grupo de espíritos que acompanha vocês aqui do mundo dos espíritos.

— E por que essa galera daqui acompanha a galera de lá?

— Porque mesmo sendo diferentes, são mundos que interagem. É assim, Jéssica: Se você se ligar no bem, aí, estará se conectando com a galera do bem daqui. Se ligar a mente no mal aí, imediatamente vai se conectar com as trevas daqui.

— Isso acontece com todo mundo?

— Certamente que sim, é uma lei natural, entendeu?

— Não tem nada a ver com idade?

— Nada! Companhias espirituais não se ligam por idade, mas por sentimentos. Se liga! Todos temos amigos espirituais que querem nosso bem e que nos amam, mas é preciso saber abrir as portas da nossa mente para receber intuições e bons pensamentos que irão nos ajudar na vida.

— É como se conectar em uma rede *wireless*?

— Beleza! É isso mesmo. As redes são muitas e temos de ter a senha para navegar de boa com a vida. Conexão com o bem pede o bem dentro da gente. Pegou?

— Peguei! Por isso que você pediu pra gente não revidar o mal com mal?

— Grande Jéssica, sacou tudo! Revidar a violência é a melhor forma de ser violentado!

— Mas é tão difícil tudo isso!

— Eu sei, se fosse fácil todo mundo faria, se fosse moleza todo mundo seria do bem. A sacada é ser diferente, é se esforçar para não reagir aos piores estímulos do mundão.

Jéssica emociona-se com as palavras de Ângelo.

—Vem comigo, vou te levar em uma balada diferente.

Ele segura na mão dela e os dois se deslocam rapidamente para um grande auditório tomado de jovens.

— Onde estamos?

– Estamos em um encontro de jovens no mundo espiritual. Aqui estão reunidos jovens comprometidos com o bem, com o melhor da vida.

– São de alguma religião?

– São sim, Jéssica. A religião aqui é o amor e o respeito. Todos somos seguidores de Jesus, mas não daquele que algumas religiões se apropriaram na Terra. Aprendemos sobre o evangelho como o alimento para nossa alma. Aqui desse lado da vida ninguém se esconde, e todo mundo se mostra tal qual é. Amamos Jesus e servimos uns aos outros em nome Dele. Daqui partem espíritos na condição de jovens para todos os cantos da Terra, para auxiliar e amparar os jovens encarnados que sofrem e lutam, a fim de vencer as dificuldades da vida no mundo material. – Ângelo faz breve pausa e prossegue. – Problemas com drogas, família, violência, sexo e tudo que você possa imaginar, ninguém fica sem amparo.

– Mas não existem os espíritos protetores?

– Certamente que sim! Estejam eles onde estiverem, sempre irão inspirar e proteger a criança, o jovem, o adulto, o idoso.

Nesse instante, uma música começa e um grupo de jovens canta com profunda emoção. Não existe melancolia na letra, não se ouve lamentações, apenas a beleza e a exaltação do amor.

Todos os jovens presentes se levantam e cantam. A energia do ambiente envolve a todos no mais profundo bem-estar.

Jéssica sente duas lágrimas que correm por sua face, nascidas do coração.

Após a música, no momento da prece direcionada, uma garota pede em favor de todos os jovens do mundo. Pede por aqueles que sofrem com as guerras, e com todo tipo de violência. Vítimas do abandono, dos abusos e todo mal. Ela profere a prece e o ambiente que já era rico de boas energias parece se elevar mais ainda. Após a prece, o silêncio.

Jéssica sente paz, harmonia como nunca pensou existir. Ângelo segura sua mão e eles partem.

– Esse mundo é paralelo ao nosso, Ângelo?

– Aprendemos que o mundo material está contido no mundo espiritual. São mundos que interagem, como eu te disse.

Jéssica reflete em tudo que vê e experimenta.

Ela desperta, olha no relógio – três e meia da manhã. Alguns *flashes* do que aconteceu percorrem sua mente, e mais uma vez ela se emociona. Tem um pouco de dificuldade para dormir, então resolve apanhar o romance espírita juvenil, "Jovens demais para morrer", que está ao lado da cama.

E começa a leitura...

Incidente

Uma hora depois...

Nas proximidades de Moryn o veículo foi obrigado a diminuir a velocidade.

A pequena comitiva passava por rua estreita e de repente uma pedra foi atirada no vidro lateral, onde Sabine estava sentada.

O susto foi grande, e ela gritou.

Wolfgang berrou com o motorista, que parou o carro imediatamente.

Diante da situação inusitada, um dos batedores saltou da motocicleta e de arma na mão passou correndo ao lado do carro.

Wolfgang já de arma em punho disse para a filha:

– Fique quieta e espere!

Ele saiu do carro, mas não teve tempo de fechar a porta quando a voz do batedor se fez ouvir:

– Aqui está senhor, peguei-o escondido, foi ele quem atirou a pedra!

Wolfgang, destilando ódio no olhar, pegou com agressividade o colarinho do agasalho esfarrapado do jovem, que não devia ter mais do que a idade de Sabine.

O oficial da SS sacudiu o garoto afirmando:

– Você é judeu, não é seu miserável?

De olhos arregalados o adolescente não sabia o que dizer.

Tomado de fúria, Wolfgang deu um safanão violento no suposto agressor, com isso o paletó maltrapilho se rasgou. Nesse instante, ele viu por debaixo do esfarrapado agasalho a roupa listrada com a estrela amarela, característica dos odiosos prisioneiros judeus.

O oficial da SS empunhou a pistola para atirar quando Sabine segurou sua mão e implorou:

– Papai, não o mate...

Silêncio arrasador envolveu a todos.

Wolfgang ficou paralisado.

Nesse instante, os olhos de Sabine se encontraram nos olhos do jovem que tentava se recompor.

Emoção intensa tocou os dois corações juvenis.

Sabine sentiu seu corpo ser percorrido por intensa energia a se manifestar em forma de arrepio e a lhe percorrer os ombros e as costas.

Igualmente emocionado, o suposto agressor juvenil se deteve paralisado na bela imagem de Sabine.

Aquele rosto não lhe era desconhecido.

Após alguns minutos, o livro escapa de suas mãos e ela adormece. Pela manhã, desperta com algumas lembranças da experiência vivida na noite anterior. Durante o café, tenta montar o quebra-cabeça de imagens que surgem em sua mente, mas tem dificuldade de lembrar tudo que viveu.

MARY E SANDRA

Assim que retorna para a sala, Mary indaga ao pai:

— Papai, você já decidiu em qual escola eu vou estudar?

— Já decidi sim, minha filha.

— E qual vai ser?

— Na mesma escola.

Ela leva um choque e se surpreende com a fala do pai.

— Tem certeza, papai?

— Tenho.

— Mas você não está mais preocupado com a minha imagem?

— Lógico que estou, mas a ideia do Anderson Alemão em te manter na mesma escola foi muito boa.

— Não acredito nisso! — a mãe afirma.

— Ora, por que não acredita em mim? Confesso que a ideia foi do namorado da Mary, eu apenas concordei.

— E você não tem medo de que ela fique exposta?

— Ela não vai ficar exposta! Sabe por quê?

— Queremos saber, papai. — Sandra que estava calada até aquele momento, pergunta.

— Não estou preocupado, porque o próprio namorado vai protegê-la. Eles estando juntos na escola e agindo de maneira natural, como se nada tivesse acontecido, é a melhor resposta a ser dada àqueles que clonaram o telefone e publicaram as imagens. Vida normal, minha gente, essa é a melhor resposta.

— E eu, papai, como fico, vou mudar de escola também?

— Você, dona Sandra, vai ficar na mesma escola, mas com uma condição.

Preocupada com as palavras do pai, ela indaga receosa:

– E qual é essa condição, papai?

–Você vai me prometer nunca mais brigar na escola...

– Prometo! – ela fala interrompendo o pai.

– Calma, tem mais uma condição...

Sandra gela com medo do que o pai vai pedir.

– O que é, papai?

–Você só vai continuar namorando esse tal de Leo se ele vier aqui falar comigo, assim como fez o Anderson Alemão. Entendeu?

– Entendi sim, papai. Pode deixar que vou falar com ele imediatamente.

– Então, está certo. Vou esperar a visita desse rapaz.

***

Na escola...

Alemão e Mary chegam de mãos dadas para assistir à aula. O burburinho corre solto, pois ninguém esperava uma situação dessas.

Leo e Marina fuzilam os dois namorados com o olhar.

O casal se junta na quadra com Sócrates, Jéssica, Nina e Otelo.

Do outro lado da quadra, Leo comenta:

– Não estou entendendo nada, o que será que aconteceu?

– Se você não sabe, imagina se eu vou saber.

Nesse momento, Sandra entra na quadra e caminha em direção a Leo.

–Vaza daqui, Marina, anda logo, e não me apronta mais nada.

Com muita raiva, ela se afasta sem olhar para trás.

Sandra abraça Leo e diz:

–Tenho uma novidade maravilhosa para te contar.

Sem entender, ele comenta:

– É mesmo..., então conta logo.

– Seguinte... – ela começa sorrindo. – Meu pai pediu para você ir à minha casa...

– E isso é uma boa notícia?

– Certamente que é, poderemos namorar em casa, assim como a Mary e o Alemão.

211

– E eles estão namorando em casa?

– Estão sim, meu pai autorizou. O Alemão esteve em minha casa e conversou com meu pai. Foi aí que meu pai pediu para te dar o recado.

Leo surpreendeu-se com o pedido, pois não esperava que as coisas caminhassem para esse fim. Decidido a enrolar Sandra mais um pouco, falou sorrindo:

–Tudo bem, vamos combinar e eu irei.

O sinal para início das aulas toca e todos caminham para suas classes.

Na primeira aula, Sandra e Marina são chamadas à diretoria para uma conversa sobre a briga entre as duas.

Os pais são chamados à diretoria e após orientação e aconselhamento, ambas são suspensas por três dias.

***

Alemão intensifica os treinos e duas vezes por dia.

Por sua vez, Leo também se entrega totalmente aos treinos procurando a melhor forma de sua vida para a realização de seu sonho – representar o Brasil nos jogos olímpicos.

A seletiva se aproxima, e a ansiedade aumenta a cada dia.

SONHOS

Na casa do Alemão...

— Galera, essa noite eu tive um sonho muito estranho!

— Jéssica, quando é que você não tem um sonho estranho? — Nina comenta com sorriso.

— Conta pra gente como foi? — Otelo indaga curioso.

Alemão e Sócrates ficam na expectativa.

— Na verdade, eu não lembro de tudo que rolou, mas uma parte que não esqueço, e que toda hora volta à minha mente, foi quando um garoto da nossa idade me levou para um encontro de jovens no mundo espiritual...

— Uau! — Otelo interrompe. — E como foi isso, Jé? Tinha música rolando?

— Tinham muitos jovens presentes e o lugar parecia encantado, porque dava para sentir a maior paz. Uma coisa louca que eu nunca vivi antes. Me sentia flutuar, meu coração batia feliz. Os jovens cantavam emocionados.

— E o garoto, Jéssica, como ele era? Bonitão?

— Nina, nem prestei atenção nisso, a gente não tem olhos para essas coisas nesses momentos. O que eu sei é que ele me passava confiança e muita paz. Nada se parecia com nosso mundo...

— Como assim? — Sócrates pergunta.

— Eu falo das emoções. São intensas, mas ao mesmo tempo a gente se sente tão bem. Mas, o que mais me marcou mesmo foi que ele disse que estaria com a gente sempre.

— É o sexto A.A.N.J.O.S.! Tenho certeza! — Otelo fala entusiasmado.

– Você acha que ele é tipo, um protetor espiritual? – Sócrates questiona.

– Acho que sim, melhor dizendo, tenho certeza! – Jéssica afirma.

– Quem sabe um dia ele traz notícias do Andrézinho. Meu *brother*.

– É verdade, Alemão! É possível isso, Jéssica?

– É sim, Nina, pode acontecer, mas teve muito mais coisas, mas eu não me lembro de mais nada. O que eu sei é que todos nós temos amigos invisíveis que nos acompanham sempre.

– E como eles se ligam na gente, Jéssica? – Otelo pergunta.

– Pelos pensamentos e sentimentos, e também por nos conhecerem de outras vidas.

– Seguinte, pessoal, mesmo com proteção espiritual precisamos fazer a nossa parte, certo?

– Isso mesmo, Sócrates! – Jéssica afirma.

– Então, vamos seguir com o que foi combinado, certo A.N.J.O.S.? – O líder do grupo pergunta e todos concordam.

Dali todos partem para seus afazeres, e Otelo e Nina combinam as ações para seguir Leo, após a aula.

***

Marina e Leo se beijam na garagem da casa dele e mais uma vez ela pede:

– Você precisa terminar com a Sandra, é muito sofrimento para minha vida.

– Calma, espere mais um pouco, pois ainda não sei como fazer isso.

–Todos os seus planos falharam para detonar o Alemão. Por que você não esquece tudo isso?

Os dois não registram, mas ao lado deles os espíritos Ítalo e Bill tentam influenciar Leo, dizendo:

– Não desista de nada, faça de tudo para acabar com aquele garoto estúpido. – Ítalo afirma repetidas vezes.

Leo parece assimilar toda aquela influência negativa.

E Bill também faz a sua parte, falando:

—Vai afrouxar agora? Não desista de detonar aquele moleque!

Leo titubeia e sua mente continua a ser bombardeada:

— Se você não acabar com esse Alemão as coisas podem ficar ruins para você! — Ítalo persiste.

Do outro lado, falando diretamente ao ouvido de Leo, Bill provoca:

—Vai ficar aí parado? Ele ficou tirando onda da sua cara andando de mãos dadas com a Mary. Não percebeu?

Esses pensamentos começam a inflamar ódio na cabeça e no coração de Leo, que se deixa contaminar por aqueles dois invasores de mente.

— Preciso achar um jeito de acabar com ele de vez!

— Desista dessa ideia, Leo. Isso ainda vai destruir todos os seus sonhos e os meus também!

— Cala a boca, Marina, me deixa pensar. Preciso descobrir uma fórmula para tirar o Alemão da seletiva.

—Você pode vencê-lo no tatame, de maneira limpa, sem trapaças, por que não faz isso?

Sob a influência dos dois espíritos invasores de mente, os olhos de Leo adquirem um brilho estranho.

Marina se assusta quando Leo dá uma gargalhada assustadora e fala em voz bem alta:

— Eu sou o maior do judô. É apenas uma questão de dias para que isso fique provado.

Marina sente um arrepio percorrer seu corpo e fica em silêncio.

***

O celular de Alemão toca e ele atende:

— Alô! Treinador? Sim... Sou eu... — e o rosto dele se ilumina com enorme sorriso. — As seletivas finalmente... Está certo, treinador, pode deixar.

A mãe dele, que acompanha o diálogo, não consegue dominar a curiosidade, e assim que o filho desliga, ela indaga:

— O que foi, meu filho, o que aconteceu?

Alemão colocou o rosto entre as mãos e chorou sem conseguir controlar a emoção.

Com a voz embargada, respondeu:

— As seletivas, mãe... elas vão começar em quinze dias...

— Mas não seria daqui trinta dias?

— O Comitê Olímpico Brasileiro adiantou a seletiva. Finalmente, mãe, vou poder realizar meu sonho.

Ela se emociona e abraça o filho com muito carinho:

— Você merece, querido, se esforçou tanto para chegar até aqui, tenho certeza de que vai conseguir.

REVELAÇÕES

Após a aula, Nina e Otelo pegam as *bikes*, colocam os capacetes e luvas e ficam na espreita para seguir Leo.

Minutos depois...

— Lá vem ele, Nina!

— Estou vendo, Otelo.

Eles silenciam e permanecem atrás das árvores da rua da escola.

Leo passa rapidamente em sua *bike* e eles partem, seguindo-o.

As ruas do bairro são cheias de subidas e descidas.

Os dois se assustam quando ouvem uma voz:

— E aí? Estão indo para onde?

Surpreendidos, eles param e desconcertados respondem com certo constrangimento:

— Oi, Marina... — Nina cumprimenta.

— Olá, Marina...

— Oi, Otelo, estão indo para onde?

— Para casa de uma tia que eu tenho nesse bairro. — Nina se apressa em responder.

— Legal...

— E você está indo para onde? — Otelo indaga.

—Vou ver uma amiga que também mora por aqui. Estou atrasada. Valeu, Nina! Até mais, Otelo!

Marina sobe em sua *bike* e parte rapidamente.

— Ufa! Essa foi por pouco, quase que ela percebe.

— É verdade, Otelo, ainda bem que não estávamos tão perto do Leo.

— Mas agora o perdemos de vista, Nina.

— Espera aí, o que a Marina está fazendo na mesma direção do Leo? Otelo, você está pensando a mesma coisa que eu?

— Estou sim, Nina! O que estamos esperando, vamos segui-la!

Os dois pedalam rapidamente atrás de Marina.

—Vamos com cuidado! — Otelo alerta.

— Lá está ela! — Nina aponta para o final da grande ladeira. — Cuidado, Otelo, se ficarmos sem freio nessa descida é ralo na certa!

A boca de Nina parece anunciar a profecia.

— Socorro!!! — foi o grito dele descendo ladeira abaixo.

Otelo vai no embalo, e a bicicleta sem freio para no muro de uma casa de esquina.

O tombo é feio, e ele fica todo ralado. Algumas pessoas correm para ajudar, mas ele é levantado todo estropiado.

— Ainda bem que você estava de capacete! — Nina comenta vendo a calça rasgada do amigo.

Como ele, no momento da queda, usava os equipamentos de segurança para andar de bicicleta, um mal maior foi evitado.

De pé ele confere o estrago:

— Parece que não foi nada mais grave além de alguns arranhões. E agora, Nina? Perdemos ela de vista.

—Você está bem, garoto?

A voz é de uma senhora que viu o acidente.

— Estou, sim senhora!

— Da próxima vez é melhor verificar os freios, não é?

— É, sim senhora!

— Então, cuide-se! Não quer um copo de água?

— Não senhora!

— Então, está certo.

Otelo vira-se de costas para a senhora e ela comenta:

— Acho melhor você vir à minha casa para que eu dê uns pontinhos em sua calça.

Nina olha e não resiste, caindo na gargalhada.

— O que foi, Nina?

— Acho melhor aceitar a ajuda dela, que está sendo muito gentil, pois sua calça atrás está um buraco só.

Otelo passa a mão atrás e só pode sentir sua cueca, porque sua calça está toda aberta.

Sem graça, ele tenta disfarçar.

— Venham comigo! Eu moro logo ali! — ela aponta uma casa a alguns metros à frente.

Chegando lá, eles entram e ficam na sala tomando um suco, enquanto a gentil senhora costura os fundilhos da calça de Otelo.

A sala tem uma grande janela que dá para a rua.

Alguns minutos se passam, e Nina chama a atenção do amigo:

— Olha lá, Otelo!

Otelo que está com uma toalha de banho amarrada na cintura se levanta do sofá e se surpreende.

No portão da casa da frente, Leo e Marina se beijam apaixonadamente.

— Pegue o celular, Otelo!

— Não posso, ele ficou no bolso da calça, pegue o seu!

Nina procura na mochila e finalmente acha o celular.

Então, ela bate as fotos.

— Tira com zoom, Nina!

— Estou tirando... Mais do que isso não consigo!

— Por essa eu não esperava...

— Verdade, Otelo... Quem podia imaginar um lance desses entre os dois?

Nesse momento, a senhora entra com a calça de Otelo na mão:

— Pronto, menino!

— Obrigado, senhora!

— Posso ir ao banheiro vestir a calça?

— Ainda não. — ela responde. — Primeiro vamos colocar esse remedinho nos arranhões.

— Mas vai arder? — Otelo pergunta apavorado.

— Que isso, Otelo? Está amarelando? — Nina pergunta rindo.

— Não é isso! É que remédios para arranhões ardem muito.

– Senta, menino, deixa que eu cuido de você. A senhora com todo cuidado de uma mãe espalha o remédio sobre os arranhões e Otelo geme:

– Ui... Ai... Ui...Tá ardendo!

– Eu sopro... Eu sopro... – diz a senhora.

Nina não consegue conter o riso e sem que Otelo perceba, bate algumas fotos da situação.

– Agora pode colocar sua calça!

– Obrigado, senhora! Qual é mesmo o seu nome?

– Da próxima vez tomem mais cuidado, e quando quiserem aparecer, estou por aqui! É Alzira... meu nome é Alzira.

Eles se despedem no portão e partem.

– Que senhora linda essa dona Alzira, não é, Otelo?

– É sim, muito linda ela!

Otelo pedala e de vez em quando solta um:

– Ai... Ui...Tá ardendo.

INVASORES DE MENTE

Jéssica adormece e novamente o desdobramento acontece. Ela se vê dormindo e ao mesmo tempo ao lado do corpo.

— Oi, Jéssica! — A voz já conhecida se faz ouvir.

— Oi, Ângelo!

— Vamos fazer nova viagem essa noite.

— Para onde iremos dessa vez?

— Dessa vez a viagem vai ser um pouco mais complicada, mas não precisa ter medo de nada.

— E por que eu deveria ter medo?

— Vamos conhecer os invasores de mentes!

— O que você me diz é bem assustador. Como é que alguém consegue invadir a mente de outra pessoa?

— Te explico: vamos viajar!

Ângelo segura na mão de Jéssica e os dois partem, e ela se sente flutuando.

— Estou flutuando, Ângelo?

— Sim, de certa forma. Estamos volitando. Vou mostrar a você como alguns espíritos envolvem os jovens em suas ideias. Boas ou más!

Eles se aproximam de uma casa, já bem tarde da noite. Segurando na mão de Ângelo, Jéssica atravessa paredes com ele e se surpreende com tudo aquilo. Eles chegam em um aposento onde Leo e Marina conversam:

— Meu treinador me telefonou avisando que a seletiva do judô vai começar em quinze dias.

— Nossa! Está bem perto.

– Sim, Marina, está bem perto do dia mais importante da minha vida. Não posso correr riscos de forma alguma. Preciso eliminar a concorrência.

Jéssica observa que ao lado deles estão dois jovens bem interessados na conversa.

– Não se preocupe, Jéssica, eles não estão nos vendo, fique tranquila! – avisa Ângelo. – Observe agora:

– Bill, como vamos ajudar o Leo a eliminar os concorrentes?

– É fácil, Ítalo, ele tem de seguir nosso conselho. Vamos influenciá-lo!

Jéssica e Ângelo observam tudo.

Bill aproxima-se de Leo e o abraça dizendo:

– Coloque medicamentos na bebida isotônica dos concorrentes!

A sugestão de Bill entra nos pensamentos de Leo como se a ideia fosse dele, que diz:

–Tenho uma ideia, Marina! Já sei o que fazer!

Bill e Ítalo sorriem do comportamento de Leo.

– Como é fácil invadir a mente desse moleque! – Bill comemora.

– Como isso é possível de acontecer, Ângelo?

– Jéssica, milhões de jovens no mundo não sabem que isso acontece, que espíritos ignorantes invadem suas mentes com sugestões que eles aceitam, acreditando que são ideias próprias. Isso também se chama obsessão.

– Como assim, obsessão? Por que isso pode acontecer? Somos marionetes?

– Óbvio que não somos marionetes, Jéssica! As invasões só acontecem quando os jovens encarnados têm os mesmos desejos e sentimentos dos espíritos desencarnados.

– Que loucura isso!

– Se o Leo não quisesse tanto prejudicar o Alemão, isso não aconteceria. E a dupla Bill e Ítalo não teria condições de se aproximar da mente do Leo. A invasão só acontece porque nós abrimos a porta.

– E ao contrário, a invasão acontece também?

– Para o bem e as boas ideias, a porta também se abre. Por isso, é comum para as pessoas de bons sentimentos sentirem as boas intuições sugeridas por espíritos amigos.

— Isso tudo é muito sério, Ângelo!

— É verdade, Jéssica!

— Imagino a quantidade de jovens que são levados para os vícios e também para outras coisas ruins.

— Infelizmente, é verdade sim, mas o contrário também é verdade. Se liga, Jéssica, o mal só existe no mundo porque está no coração das pessoas.

— Por que eles querem prejudicar o Alemão desse jeito? De onde vem esse ódio todo?

— Isso nós ainda vamos descobrir, mas não se esqueça de que o Alemão só será prejudicado se alimentar algum mau sentimento dentro dele. É assim que as coisas funcionam.

— O que posso fazer para ajudar?

— Na verdade, não pode fazer muita coisa, pois tudo depende dele.

— Por que você está me mostrando tudo isso?

— Porque você, na condição de médium, pode ajudar a ensinar outros jovens através da sua mediunidade, entendeu?

Jéssica silencia e medita na gravidade dessa realidade, que poucos jovens do mundo conhecem. Ângelo, parecendo ouvir seus pensamentos, explica:

— Jéssica, todos nós somos responsáveis pelo que nos acontece. Quando pensamos, atraímos para o nosso lado as companhias espirituais.

— Entendi.

—Vamos esperar mais um pouco, pois quero que veja uma coisa.

Leo se despede de Marina e vai para casa, Bill segue atrás dele, e Ítalo fica na casa de Marina.

Assim que Marina adormece, ela também sai do corpo e começa a conversar com Ítalo, que lhe diz:

— Ajude o Leo a prejudicar o Alemão...Você deve fazer a sua parte!

— Entendi, Ítalo!

—Você deve obedecer às nossas ordens, ou vai pagar caro por isso.

— Por que ela o obedece desse jeito, Ângelo?

—Marina é uma pessoa interesseira e manipulável. Bill e Ítalo perceberam isso e a dominam sem dificuldades.

— Mas não existem bons espíritos para protegê-la?

– Certamente que sim, mas ela tem de querer a proteção. Os interesses dela são outros. Ela só pensa no Leo como se ele fosse propriedade dela. Como te disse anteriormente, somos nós que escolhemos nossas companhias espirituais. A essa hora, o Leo já adormeceu e o Bill está tendo a mesma conversa com ele, pedindo para prejudicar o Alemão.

– Nossa! Que sinistro tudo isso!

– É verdade, Jéssica! Mas quando nos conectamos com o bem, nossa mente só tem portas abertas para o bem.

– Aprendi muito sobre os invasores de mentes.

– Eles podem ser chamados também de espíritos obsessores, Jéssica.

– Uau! Que coisa louca tudo que aprendi hoje.

– Quando você acordar, vai guardar algumas lembranças do nosso encontro.

Ângelo segura na mão dela e eles volitam para o quarto de Jéssica.

INIMIGOS INVISÍVEIS

No Colégio Monteiro Lobato, na hora do intervalo...

—Vejam com seus próprios olhos! — Nina mostra as fotos no celular.

— Acho que tudo se confirma agora. A briga entre a Marina e a Sandra, tudo fica elucidado. — Sócrates comenta.

— Ele está usando a Sandra para me prejudicar. Queria dar uma lição nele.

— Nem entra nessa, Alemão! — Jéssica adverte.

— A Jéssica tem razão, Alemão! Não perca seu tempo indo à forra. — Otelo aconselha.

— Se você procurar o caminho do mal, vai se perder nele. — Nina afirma.

— Está certo, galera. Vou evitar o revide, mas como iremos resolver isso tudo?

— Alemão, você precisa apenas se concentrar na seletiva e mais nada!

— Entendi, Otelo! E vocês, vão fazer o quê?

— Deixa com a gente! Iremos fazer tudo com muito cuidado para não te prejudicar. — Sócrates adverte.

—Vamos mudar de assunto, que a Mary vem chegando. — Nina pede com discrição.

— Aê, galera! — Ela beija Alemão com carinho.

— Sabem da última?

— Não, Mary, conta para gente! — Otelo pede curioso.

— O Leo disse à Sandra que vai lá em casa falar com meu pai.

Todos se entreolham com ar de preocupação.

— Ele vai conversar com seu pai para namorar sua irmã?

— Isso mesmo, Nina.

— Mary, queremos ajudar sua irmã, mas precisamos contar com sua colaboração. — Sócrates fala com tom grave na voz.

— Assim vocês me assustam, o que houve?

— Confie nele e fique tranquila! — Alemão pede a ela.

—Tudo bem, vou confiar, mas o que está rolando?

— Pessoal, façam um círculo para que os outros não percebam que vou mostrar o vídeo a ela. — Sócrates pede.

A galera se fecha.

Surpresa, Mary comenta:

— Nossa, quando a Sandra vir esse vídeo ela vai brigar novamente com a Marina. Estou com pena da minha irmã.

— Como podemos fazer para mostrar esse vídeo a ela? — Nina pergunta.

— Agora fiquei muito preocupada, nem sei o que dizer!

— Precisamos tomar uma atitude, Mary. — Otelo emenda.

Nesse momento, o ambiente da escola se agita, porque alguns policiais chegam e se dirigem para a sala do diretor. Os comentários dão conta de que é por causa da investigação da clonagem do telefone do Alemão.

— Mary... — Sócrates volta à carga. — Precisamos ajudar a Sandra, mas sem que ela parta para a briga direta.

—Vamos aguardar mais um pouco. — ela pede receosa.

—Tudo bem, mas tem de ser antes que ele vá falar com seu pai. — Otelo avisa.

— Sim, é lógico! Esse Leo é muito cara de pau... ir à minha casa pedir para namorar minha irmã, e estar junto com a Marina.

O sinal de final de intervalo toca e todos retornam para a sala de aula.

Caminhando pelo corredor, de mãos dadas com Sócrates, Jéssica fala para ele:

—Tive um novo sonho essa noite e tenho algumas vagas lembranças.

— É melhor contar para todo o grupo após a aula.

—Tem razão, faremos isso assim que estivermos só os cinco A.N.J.O.S..

***

Após a aula...

— Fui levada para um encontro, mas não me recordo onde e nem com quem era esse encontro, mas o que ficou gravado em minha mente e não me esqueço é que descobri que temos inimigos invisíveis, que estão tramando algo para nos prejudicar.

— Jéssica, tem coisas que são mais complicadas da gente acreditar. — Otelo diz desconfiado.

— Eu sei que é difícil acreditar, Otelo, mas confie em mim.

— Como foi isso, Jéssica, o sexto A.A.N.J.O.S. apareceu novamente? — Nina indaga.

— Sim, ele apareceu e me mostrou essas coisas. Que pena não lembrar de tudo que sonhei. Mas nós somos vigiados e os "invasores de mentes"...

— Invasores de mentes? — Otelo indaga.

— Sim, isso mesmo! Invasores de mentes, ou espíritos obsessores.

— Como é isso, Jéssica?

— Eles invadem nossas mentes de acordo com a sintonia de pensamentos e sentimentos que alimentamos. Se eles se identificarem com nossos maus pensamentos ou sentimentos vão penetrando nossas mentes por afinidade, mas de maneira muito sútil. Entenderam?

— Parece uma história fantástica, mas se você está dizendo, vou acreditar. — Nina afirma.

— Sei que algumas situações são difíceis para vocês compreenderem, mas é a mais pura realidade. Muitos jovens vivem pelo mundo com suas mentes invadidas por espíritos que se identificam com eles pelo que pensam e pelo que sentem. Então, crimes, suicídios e muitas outras coisas acontecem por influência dessa galera invisível. Mas por outro lado, existem milhões de bons amigos invisíveis que procuram nos inspirar bons pensamentos e sentimentos. Funciona assim: atraímos para o nosso lado tudo que se afina com nosso coração e mente.

— Isso é uma loucura! — Otelo diz.

— Eu acredito nela! — Nina apoia.

— Eu já ouvi falar dessas mentes invisíveis e acredito em tudo isso. — Alemão concorda.

— Precisamos estar atentos com os pensamentos que alimentamos e com os sentimentos que cultivamos. Certo, galera?

—Tudo bem, Sócrates, mas é bem difícil controlar tudo isso.

— Eu sei, Otelo, mas estamos aprendendo a lidar com coisas reais, que há muito tempo o homem nega existir, mas que tem poderosa influência em sua vida. A Jéssica, com sua mediunidade, cada vez mais nos ensina sobre essas coisas da vida espiritual. Saber que existe um amigo espiritual que procura nos inspirar bons caminhos é algo que nos traz confiança.

— A gente só precisa saber que as escolhas são sempre nossas, e elas é que vão determinar o que irá acontecer com a gente. — Jéssica comenta.

Alemão fica cabisbaixo e todos percebem.

— Está tudo bem, Alemão?

—Tudo certo, Otelo!

COBRANÇAS

— E aí, moleque!

Leo se vira, e desce da *bike*. Ele reconhece Peu.

— E aí, Peu, tudo certo?

—Você está me gozando, Leo?

— O que foi?

—Você está me devendo! Esqueceu?

— Opa, me desculpe, até sexta-feira eu levo a grana para vocês!

—Você está brincando com a gente, maluco? Quer arrumar pra sua cabeça?

— Eu juro, Peu! Sexta-feira levo a grana. — Leo olha para os lados para ter certeza de que ninguém presencia a cena.

— Fizemos a clonagem como você pediu. A montagem da segunda garota no celular do Alemão. Você pagou metade e ficou de levar a outra metade na semana seguinte. Isso já vai fazer uns vinte dias. Tá tirando onda com a cara da gente?

Leo fica sem ter o que dizer, e para surpresa dele mais dois garotos se aproximam de maneira ameaçadora.

—Vamos conversar ali na outra esquina! Aqui na porta da escola pega mal. — ele vai empurrando a *bike*.

Peu e seus dois comparsas não dizem nada e acompanham Leo silenciosamente até a esquina.

Quando percebe que está fora do alcance dos olhares curiosos de outros alunos, Leo ergue a voz:

— Moleque, quem te deu liberdade de vir até a escola para me cobrar?

Dizendo isso, ele aplica violento golpe em Peu e o empurra para cima dos outros dois jovens.

Imediatamente, Leo torce o braço de um, chegando a fraturar.

O terceiro é jogado ao chão e imobilizado com a técnica do jiu-jítsu.

Leo faz uma alavanca e provoca grave luxação no braço do terceiro oponente.

Os três ficam estirados no chão, e se limpando, ele diz:

— Não te devo mais nada, se me procurarem outra vez, eu quebro os dois braços de cada um de vocês!

Ele monta em sua *bike* e some na próxima esquina.

Caído no chão, Peu ameaça entre dentes:

—Tu vai me pagar, moleque!

***

Mais tarde na casa dele, a sós com Marina...

— Que história é essa de ir à casa da Sandra falar com o pai dela?

— Marina, eu estou de cabeça cheia e não quero falar sobre isso!

—Você vai falar sim, porque eu estou cansada de ser tratada como uma qualquer!

— Não perturbe, garota! Não tenho satisfação a te dar!

—Tem sim, você me deve isso!

Leo vai ficando cada vez mais nervoso, e milhões de pensamentos ruins atormentam sua mente.

Ao seu lado, Bill e Ítalo dizem repetidas vezes:

— Manda essa garota para fora da sua vida. Você pode ter quantas garotas quiser. Varre ela pra fora!

— Eu não aguento mais viver assim, sendo tratada como uma qualquer.

— Cala a boca, Marina!

— Depois de tudo que eu fiz por você!

— Chute essa menina pra longe da sua vida! — Ítalo fala com raiva.

Leo que está explodindo de raiva por causa da cobrança de Peu, grita ensandecido.

— Cala a boca antes que eu te mate!

Marina desaba em lágrimas e diz soluçando:

—Você vai me matar junto com seu filho, que está crescendo dentro de mim?

— O que? Tá maluca?

— Maluca eu fiquei quando me apaixonei por você, seu grosso!

Atormentado, Leo a empurra com força...

Marina cai ao chão desmaiada. Ele vê Marina no chão e se desespera:

— Será que eu matei ela?

Nesse momento o telefone toca.

Ele não atende, mas o toque segue insistentemente.

— Alô...

— Oi, amor...

— Agora não posso falar com você, Sandra!

— Mas por que, amor?

— Não posso explicar.

— Diz que me ama, diz...

Leo desliga o telefone e tenta reanimar Marina.

Aos poucos, ela recobra os sentidos e desperta.

— Me perdoe!

Marina chora.

— O que vou fazer da minha vida agora que estou grávida?

—Vamos dar um jeito de tirar essa criança. Eu te ajudo.

— Mas isso é crime, não vou fazer isso!

—Vai sim, eu não vou ser pai...

—Você já é pai, e ninguém vai tirar essa criança de dentro de mim.

Bill e Ítalo tentam influenciar Leo de todas as formas.

— Deixa essa garota pra lá! — Bill incentiva.

— Então, você não me deixa outra alternativa! Está tudo acabado entre nós! Fora daqui!

— Eu não acredito que você vai me abandonar grávida!

— Eu nego tudo, não sou o pai dessa criança, fora daqui!

Trêmula e sem saber o que fazer, Marina sai desnorteada.

***

—Vamos jantar, meninas?

A mãe chama Mary e Sandra para a mesa onde o Sr. Lino aguarda.

— O que temos hoje para o jantar?

— Macarronada, querido...

— Hummm, delícia! — Sr. Lino afirma, esfregando as mãos.

No instante em que todos estão servidos, a campainha da casa toca.

— Quem será a essa hora? — Mary indaga.

— Isso não é possível! — Sr. Lino reclama.

— Pode deixar que vou atender! — Sandra pede.

Assim que ela chega à porta, leva um susto.

—Você aqui?

PEDIDO DE AJUDA

–Você é maluca? Sua...

– Por favor, Sandra, me deixa falar com você...

– Falta vergonha na sua cara?

Marina começa a chorar, e Sandra percebe que algo mais grave está acontecendo.

Pela demora da irmã, Mary vai até a porta para saber o que está acontecendo.

Ao se deparar com a presença de Marina, fica sem saber o que dizer.

– Ela quer conversar comigo. – Sandra fala, olhando para Mary. – Dá para acreditar nisso?

– Meninas, por que a demora em voltar para a mesa?

– Mamãe, essa é a Marina, com quem a Sandra brigou na escola. – Mary informa.

– Mas ela está chorando... Entre, minha filha!

Mesmo sob os protestos de Sandra, Marina é conduzida ao interior da casa.

Sr. Lino não entende nada do que se passa.

Mary pega água para Marina e todos esperam que ela se acalme para conversar.

Em breves minutos, entre soluços, Marina fala:

– Eu não sabia para onde ir, muito menos o que fazer, estava andando pelas ruas e me pareceu ouvir uma voz. E essa voz me dizia que para a gravidade das coisas que aconteceram, eu deveria começar por pedir desculpas e contar a verdade. Relutei muito para chegar até aqui, mas a voz insistia mais e mais. Então, me convenci e tomei coragem.

Nenhum dos presentes registra, mas Ângelo está ao lado de Marina, dando forças a ela para dizer a verdade.

E ainda uma vez mais, ele diz ao ouvido dela:

— Marina, não tenha medo, fale a verdade, é muito melhor do que ter uma vida de mentiras!

Ela recobra o equilíbrio e começa:

— Quero pedir desculpas a você, Sandra, mas eu também fui enganada pelo Leo. Ele enganou nós duas, mas apenas eu sabia que isso acontecia e permitia conscientemente.

— Você está maluca, garota? — Sandra tentou contestar.

— Ela está falando a verdade, mana! — Mary intervém.

— Como é que você pode ter certeza? — Sandra indaga inconformada.

— Eu te mostro agora!

E pegando o celular, Mary mostra a cena dos beijos entre Leo e Marina. Sandra assiste incrédula às imagens.

Grossas lágrimas brotam de seus olhos e correm por seu rosto.

— Me perdoe, Sandra, mas eu não imaginava o mal que fazia a você.

Sandra fica em silêncio por mais alguns minutos.

Sr. Lino cobre a travessa de macarrão e diz:

— Filha, é melhor que tudo isso se explique para que um mal maior não aconteça.

— Eu estou grávida, Sandra!

Todos ficam lívidos e Marina prossegue:

— Hoje à tarde, eu disse a ele da gravidez. — Agora é Marina que começa a chorar. — Quando soube, ele me pediu para abortar, disse que o filho não é dele... — entre soluços, ela conclui — E me empurrou com força. Então, cai no chão e desmaiei.

— Mas esse rapaz é um monstro! — Sr. Lino afirma revoltado.

Sandra chora de um lado e Marina de outro.

A mãe de Sandra toma a palavra e diz:

– Minha filha, essa jovem veio aqui te livrar de um grave problema. Poderia ser você a estar no lugar dela. Pense nisso! A decepção, por maior que seja, é o livramento de um mal maior.

– Sua mãe tem razão, Sandra...

– Está certo, papai!

Sandra olha para Marina e diz surpreendendo a todos:

– Venha, sente-se conosco para comer alguma coisa. E me perdoe também por ter agredido você.

– Você vai contar para seus pais? – A mãe de Sandra indaga.

– Sim, farei isso, espero que eles me ajudem.

– Tenho certeza de que eles vão te ajudar...

– Eu preciso contar as outras coisas...

– Tem mais? – Sr. Lino questiona.

– Sim, tem mais...

– Conte tudo, Marina, acho que você já percebeu que está com pessoas que te compreendem. – Mary aconselha.

Ela respira fundo e diz:

– O Leo tramou um plano para tirar o Alemão do circuito das seletivas. Ele conseguiu com a gangue do Peu, e pagou por isso, que o telefone do Alemão fosse clonado. A ideia dele era desmoralizar o Alemão com as fotos da Mary.

– Mas, como foi que ele conseguiu minhas fotos?

– Ele copiou do celular da Sandra num momento de distração dela...

– Ele foi desonesto demais... – Sandra comenta.

– Então... – ela prossegue. – Ele queria manipular a Sandra até a seletiva para que nada vazasse. Por isso, ele ficou enrolando ela e eu. Porque uma de nós duas certamente iria criar problemas para ele.

– E a foto da outra garota? – Mary indaga.

– Aquela foto foi uma montagem, ninguém conhece aquela garota. Foi armação do Peu.

– Nossa! Esse moleque é perigoso! – Sr. Lino afirma.

– Ele ainda me disse que viria aqui falar com meu pai.

– Era mentira dele, Sandra, desculpe te dizer isso. Ele é egoísta e só queria ganhar tempo.

– Mas, por que é tão importante para ele tirar o Alemão da disputa?

– Ele tem medo do Alemão, e como os dois são da mesma categoria, certamente vão se enfrentar na seletiva.

– O Alemão me disse que a disputa que o Leo ganhou dele foi por decisão dos juízes, e por sinal, muito contestada.

– Mas essa luta ainda pode acontecer, não pode? – Sr. Lino pergunta curioso.

– Essa luta deve acontecer com certeza. – Marina diz com convicção.

– Era isso que você tinha para contar? – a mãe das meninas indaga.

– Sim, era isso. – e baixando os olhos, ela diz: – Me perdoe, Sandra!

Ferida e magoada por erguer um castelo de sonhos, agora destruído pela maldade e interesse de Leo, Sandra fala:

– Eu não sei se choro, ou se dou gargalhadas. Preciso de um tempo para entender tudo isso, mas vou ficar bem.

– Eu tenho uma criança dentro de mim e não sei como será o meu futuro...

–Vai ficar tudo bem, meninas! – A mãe de Mary e Sandra aproximam-se de Marina, abraçando-a.

– O macarrão esfriou... – Sr. Lino comenta.

A SELETIVA

Os novos fatos repercutem na escola causando muitas dificuldades para Leo.

Alemão, ao saber de tudo, perde a concentração e alimenta dentro de si imenso desejo de vingança. Ele não cogita isso com os amigos, mas não vê a hora de estar cara a cara com Leo.

Não há tempo suficiente para os graves fatos levarem às penalidades, que certamente Leo receberia, por isso, ele pode manter sua inscrição para a disputa.

O dia "D", finalmente chega.

O ginásio de esportes está lotado. Familiares de todos os judocas estão presentes.

Marina está ao lado de Sandra, que por sua vez está acompanhada por toda a família.

A galera dos A.N.J.O.S. está presente para apoiar Alemão.

As lutas se iniciam e se sucedem, uma a uma.

Alemão e Leo estão na mesma chave e têm de enfrentar um adversário cada um. Caso vençam seus confrontos, o embate entre eles acontecerá.

Bill e Ítalo, invisíveis aos olhos humanos, estão sentados na arquibancada para assistir ao confronto.

Leo é chamado ao tatame para a primeira luta. Ele recebe as orientações do treinador, a quem ouve com disciplina.

Entra no tatame junto com seu oponente e faz a reverência característica. O outro lutador, por sua vez, também se posiciona.

O juiz autoriza o início da luta e Leo, assim como seu adversário, tenta segurar no quimono. Por ter grande envergadura e força, ele estica o braço direito e consegue manter a distância do outro judoca. Eles giram de um lado para o outro, sem intensificar o combate. Ambos sofrem punição e ficam com um *yuko* para cada lado. Leo se aproveita da distração de seu oponente e o puxa com força aplicando-lhe um *ippon* perfeito. As costas do judoca adversário batem no tatame e Leo grita de alegria.

Alguns amigos dele e o treinador comemoram intensamente.

No meio das pessoas, Bill e Ítalo gritam.

Se as pessoas da arquibancada soubessem que entre elas dois espíritos comemoram a vitória de Leo, certamente não ficariam ali para assistir o resto da disputa.

Alemão e seu adversário são chamados. O mesmo ritual se repete e o juiz autoriza o início da luta.

Assim que os dois judocas se aproximam, o oponente segura no quimono de Alemão e o derruba, quase lhe impondo um *ippon*. Ele fica por cima de Alemão que se encolhe para se defender melhor.

A maior parte do primeiro *round* é de esquivas e tentativas frustradas de golpes que nunca encaixam.

O segundo *round* veio e as mesmas coisas acontecem.

Mary e Nina estão de mãos dadas.

Otelo rói as unhas de nervosismo.

Sócrates observa tudo com frieza.

Os pais de Mary sentam e levantam ao mesmo tempo num comportamento nervoso e agitado.

Ângelo ao lado deles, tudo acompanha com serenidade.

Todos estão com medo de que o combate seja decidido pelos juízes. Até que a força de Alemão é decisiva. Com a perna direita, ele consegue derrubar o outro judoca e lhe impõe uma imobilização.

Todos gritam e pulam de alegria.

Alemão comemora e, em meio às alegrias, seu olhar se cruza com os olhos de Leo, que brilham de ódio.

Alemão só pensa na vingança, e isso o desconcentra.

***

Duas horas depois, eles são chamados para o combate.

Agora é tudo ou nada, pois a luta vale a tão sonhada vaga para representar o Brasil nas Olimpíadas.

Eles recebem as derradeiras instruções de seus técnicos.

São convocados para o tatame.

— Estou preocupado com ele. — Sócrates fala aos amigos.

— Nem sei o que dizer! — Otelo comenta.

O ambiente fica envolto em muita expectativa.

Todos os presentes tomam conhecimento dos fatos lamentáveis que envolvem os dois judocas.

Alemão, nervosamente ajusta a faixa preta na cintura.

Leo faz movimentos com a cabeça e os ombros, desejando o máximo de concentração.

O juiz caminha para o centro do tatame.

Eles se aproximam e fazem a saudação baixando a cabeça um para o outro.

O juiz autoriza e a luta começa.

Eles tentam pegar um no quimono do outro, mas nenhum dos dois obtém sucesso.

O juiz paralisa e chama a atenção dos dois para a falta de combate.

Leo tenta entrar na guarda de Alemão, mas este bate em sua mão que não consegue se fixar no quimono. De repente, Leo puxa Alemão pelo quimono e com a perna esquerda o derruba no tatame. Com agilidade, Alemão cai, mas rola erguendo-se rapidamente.

— Meu Deus, essa foi por pouco! — Nina comenta levando as mãos à cabeça.

Mary estava muito nervosa.

Sr. Lino fica de costas para a luta.

Sandra e Marina estão abraçadas.

Terminam os primeiros três minutos da disputa.

A ansiedade toma conta de todos.

Alemão procura focar na luta, deixando de lado a raiva que sentia. Ele sabia que se continuasse a disputa como se fosse uma briga pessoal, como lutador de rua, não teria chance de vencer. Num esforço enorme, fixa-se mentalmente nas técnicas exaustivamente ensaiadas. Em frações de segundo, relembra as orientações valiosas do seu técnico.

Os judocas começam o segundo *round* da luta.

Leo vem decidido a vencer. Com força impressionante, aplica um golpe em Alemão que chega a gritar de dor, e todos pensam que ele tem o braço quebrado, tamanha a torção evidenciada.

O segundo *round* termina, para sorte de Alemão que segurando o braço esquerdo procura se recompor.

Leo, observando as condições de Alemão, já antevê a própria vitória.

Na arquibancada, todos estão apreensivos e percebem que o sonho de Alemão está chegando ao fim.

O juiz, sentindo a dificuldade dele, pergunta se ele quer continuar.

Para surpresa de todos, ele assegura que sim.

– Meu Deus, nem quero ver, ele vai ser massacrado! – Otelo comenta.

– Não sei o que ele está pretendendo – Sócrates fala.

– Não vejo condições para seguir adiante. – Jéssica lamenta.

– Nosso amigo está mal. – Nina afirma entristecida.

O juiz autoriza o *round* final e Leo parte ferozmente para cima de Alemão. Ele segura no quimono do oponente e inicia o giro do corpo para aplicar o *ippon* em Alemão, mas nesse momento ninguém sabe de onde o enfraquecido Alemão encontra forças. Ele dá um grito que mais parece um urro e joga toda força do corpo em sentido contrário ao de Leo, e num giro espetacular usa o próprio peso para derrubar o adversário. Leo cai de costas e um *ippon* perfeito é aplicado por Alemão, que ganha a luta.

Gritos são ouvidos, choros e risos se confundem.

Alemão fica estirado no chão, tamanha a força que aplicou para derrubar seu adversário.

A comemoração é geral e Leo, então, de pé, não se conforma e, olhando para Alemão, cospe no chão demonstrando nojo e raiva do judoca que venceu limpamente o combate.

Jéssica e Nina se abraçam, Mary e Sandra pulam de alegria.

Marina, chorando muito, aplaude a derrota de Leo.

Em meio a tantas manifestações e emoções, o juiz chama os dois judocas, e ergue o braço de Alemão declarando-o vencedor.

Alemão realiza o sonho olímpico, ele está classificado para as Olimpíadas.

Do ginásio, ele é levado para o centro médico onde o raio X constata grave luxação em seu braço esquerdo.

Leo, junto com alguns amigos, sai rapidamente do local.

Em sua mente, o desejo de vingança ganhava cada vez mais força.

Junto com ele, Bill e Ítalo repetem sem parar:

— Isso não pode ficar assim, você tem de ir à forra.

A VINGANÇA

Dias depois...

Leo segue atormentado pelo desejo de vingança.

Seus dias tornam-se complicados, pois ele não consegue pensar em mais nada, a não ser em impedir que Alemão possa disputar os jogos olímpicos em seu lugar.

Junto a esse sentimento existe a revolta e o rancor, por ver fracassadas todas as suas tentativas de prejudicar seu adversário.

Até o plano de contaminação das bebidas isotônicas não deu certo. Na hora "H", o garoto que iria fazer o serviço deu para trás.

Na escola, a expulsão é certa.

Após a derrota, Leo procura Marina, diz que a ama e que ficaria com ela, caso ela abortasse. Marina não aceita suas condições e fecha as portas para a retomada do relacionamento.

Atormentado, ele diz a si mesmo:

Agora as coisas não vão falhar, porque eu mesmo vou executar o serviço.

Aguarda o momento certo para dar fim à vida do seu rival.

— Mata ele! Se você não fizer isso, ele vai curtir com a sua cara o resto da vida! — é o que dizem Ítalo e Bill, repetidas vezes, por pensamento.

Decidido, ele passa a vigiar Alemão.

Procura ajuda de dois garotos, usuários de drogas, e prometendo pagar pela colaboração, contrata-os para fazer o trabalho junto com ele.

***

Alemão e Mary não se largam.

Os dois, juntos com a galera dos A.N.J.O.S., decidem ajudar Marina durante a gravidez.

A família de Marina, diante de tantas demonstrações de carinho por ela aceitam, sem resistência, a realidade da gestação.

Tudo corre bem, exceto com Leo.

Sócrates e outros garotos da escola tentam procurá-lo para demonstrar amizade e solidariedade, mas Leo se recusa a recebê-los.

Rotineiramente, Alemão sai da casa de Mary por volta das 22 horas. Ele não imagina que sua rotina está sendo vigiada e devidamente cronometrada por uma sombra que se esquiva na noite.

Estudado todo percurso, o ponto para o ataque é escolhido. Será no local mais ermo do caminho que Alemão faz para sua casa. A iluminação é fraca, e poucas pessoas circulam por aquele trecho.

Bill e Ítalo esfregam as mãos de alegria.

Chega a noite decisiva, e Leo com seus dois parceiros aguardam a saída de Alemão da casa de Mary. De longe, eles observam os abraços e beijos entre o casal de namorados.

Ao lado deles, Bill e Ítalo se agitam pelo gosto que sentem na vingança de Leo.

Alemão sai de *bike*, e eles partem atrás.

Na rua escolhida, Leo chama:

– Alemão...

O membro do grupo A.N.J.O.S. ouve chamar seu nome e para.

A penumbra cria dificuldades para ele identificar quem é, mas ele descobre, porque Leo se aproxima.

– Então, parceiro, está feliz?

– Olá, Leo...

– Está feliz? – Leo repete a pergunta já alterando a voz.

– Se estou feliz? Com certeza eu estou...

– Mas a sua felicidade não vai durar muito, ou melhor, ela acaba aqui.

– Atira... Atira... Atira! – Bill e Ítalo repetem insistentemente essas palavras para que elas se infiltrem na mente de Leo.

– Não faça isso!

Ao lado de Alemão, Ângelo se apresenta e repete:

– Fique calmo! Fique calmo! Não o provoque! Não o provoque...

Bill e Ítalo veem Ângelo e o xingam.

–Vaza daqui, seu religioso imbecil! Não queremos suas palavras de paz!

Os dois se irritam com a presença dele que os deixa nervosos.

– Por que vocês querem a morte dele? – Ângelo indaga com serenidade.

–Você não tem nada a ver com esse acerto de contas! Vaza daqui! – Bill esbraveja.

– Vocês não sabem que esse comportamento só agrava a situação? Acham que vão ser felizes fazendo aqui o que faziam na Terra?

– Ele é um dos garotos que faz parte daquele grupo que destruiu a organização do Corvo. E precisa pagar por isso! Assim como todos os outros vão nos pagar um dia! – Ítalo diz com ódio.

– Aquela organização representava os vampiros que sugam a força dos jovens pelas drogas. O Corvo era o chefe que destruía a vida de muitos jovens. E vocês dois, certamente, faziam parte desse grupo criminoso que influencia os infratores aqui da nossa dimensão. – Ângelo fala desafiadoramente.

– Somos a organização aqui desse lado e estamos preparando a mente do Leo para que ele crie uma nova organização, até que o Corvo saia da cadeia!

– Isso não vai acontecer, Bill!

Repentinamente, uma voz se faz ouvir:

– Largue a arma, Leo...

Ele titubeia sem saber o que fazer.

Então, ele sente o cano do revólver em sua nuca.

– Eu estou acompanhando seus passos faz alguns dias. Quem deve, precisa pagar!

Leo reconhece a voz e balbucia nervoso:

– Peu... é você?

– Sou eu mesmo, e vocês... – ele disse apontando para o Alemão e os comparsas de Leo. –Vazem daqui agora!

Rapidamente, Alemão sobe em sua *bike* e foge dali.

Do lado espiritual a conversa segue:

– Deixem de lado essa vida, venham comigo, tenho amigos que vão gostar de recebê-los! – Ângelo pede.

– Não queremos esse papo de religião e não acreditamos nesse tal de Jesus... – Bill fala com desdém.

– É um momento especial para vocês, aproveitem! O que esperam ganhar com esse comportamento de invasores de mentes juvenis, tentando influenciar nossos jovens para o mal?

– Chega de conversa fiada! Vaza daqui, anjo falsificado!

Dizendo isso eles se juntam a Peu, e Ítalo fala ao ouvido do garoto.

– Acabe logo com isso! Se ele não foi competente nem para se vingar do outro, também não serve mais aos nossos interesses!

No dia seguinte, a notícia entristece todos na escola.

Marina sente-se mal.

Alemão narra tudo em reunião dos A.N.J.O.S..

– Muito triste tudo isso. – Jéssica lamenta.

– Quando a gente se envolve com drogas e trapaças, mais dia, menos dia a casa cai. – Nina diz com melancolia.

– Eu não sei por que tudo isso. Essa raiva contra mim. – Alemão afirma.

– Algumas coisas fogem à nossa compreensão. – Otelo diz, coçando a cabeça.

–Tudo tem uma explicação! – Jéssica diz com a voz alterada.

Todos se surpreendem, olham para ela e percebem que Ângelo falaria através dela.

– Galera, precisamos entender que a vida acontece em duas dimensões. Por isso, tudo que fizermos aí desse lado tem consequências do lado de cá. Da mesma forma acontece por aqui. – Jéssica está com a voz diferente e com o semblante sereno e calmo. –Tudo que se faz aqui, repercute aí.

Todos ficam silenciosos e prestam atenção às palavras pronunciadas pelo sexto anjo, que continua:

– O Leo tinha companhias espirituais que se identificavam com ele, com tudo que pensava e sentia. Assim como vocês também têm.Todas as vezes que fazemos algo que não é legal, nossa consciência acusa, mas mesmo assim, alguns escolhem fazer. O Corvo, chefe daquela gangue, está preso, e a prisão dele teve consequência dos dois lados da vida. Aqui dessa dimensão, muitos espíritos não ficaram satisfeitos com o que vocês fizeram.

— Nossa! – Otelo exclama.

E Ângelo prossegue pela boca de Jéssica:

— Muitos querem que a gangue seja reunida novamente. O Corvo pode sair da prisão, fugir ou algo assim, portanto, vigiem seus pensamentos e cuidem de seus corações para que o mal não entre neles. Vamos tentar ajudar o Leo aqui desse lado, mas só quando chegar o tempo certo. O tempo do coração dele se abrir para o bem, pois ninguém está condenado a sofrer para sempre.

Jéssica vai abrindo os olhos e retomando sua lucidez, fala:

— Nossa! É muito forte esse contato com os espíritos, por isso estou indo ao centro espírita perto de casa para entender melhor essa coisa de ser médium.

— Só médiuns podem ir ao centro espírita? – pergunta Otelo.

— Qualquer pessoa pode ir, inclusive lá tem a mocidade, um grupo especial para jovens.

— Lá tem atabaques e danças? – pergunta Alemão.

— Não, lá são estudadas as obras de Allan Kardec que ensinam sobre a vida após a morte, a comunicação com os espíritos, a reencarnação, a pluralidade dos mundos e o Evangelho de Jesus. Eu me sinto muito bem quando estou no centro. Podemos ir juntos sábado que vem, o que vocês acham da minha ideia?

— Vamos sim. - todos falam juntos.

— Acho que ir ao centro espírita pode nos ajudar a entender todas essas coisas que passamos juntos. – disse Alemão.

— Concordo, porque temos que seguir em frente, sem temer o mal, mas com força para vencer todas as lutas. – Nina fala sorrindo.

— A.N.J.O.S., não podemos esquecer que somos um grupo de jovens que tem a missão de auxiliar outros jovens, mesmo que o problema esteja entre nós.

— Você está certo, Sócrates, nem todos os dias são azuis, de pura alegria, mas todos os dias são importantes, pois estamos aprendendo. Não estamos sozinhos jamais, em algum lugar existe um coração, mesmo que invisível, que está querendo o nosso bem. Já sabemos que não somos mais cinco, agora somos seis anjos, porque o Ângelo é o sexto anjo. Ele nos inspira e protege para que a juventude possa estar feliz e, cada vez mais, pertinho de Deus. Tenho aprendido muito no curso que estou fazendo e quero aprender muito mais.

— E nós vamos aprender também, não é galera? — disse Sócrates.

Todos balançam a cabeça afirmativamente e colocam as mãos umas sobre as outras; nessa hora, Ângelo se aproxima e coloca a mão dele sobre a de todo o grupo e cinco vozes são ouvidas numa única voz. E na dimensão espiritual, Ângelo também diz:

A.A.N.J.O.S.

Editores: *Luiz Saegusa e Claudia Zaneti Saegusa*
Direção Editorial: *Claudia Zaneti Saegusa*
Capa e Ilustrações: *Rui Joazeiro (Traço & Compasso Estúdio)*
Diagramação: *Carlos Eduardo P. de Sousa (Traço & Compasso Estúdio)*
Revisão: *Claudia Zaneti Saegusa e Rosemarie Giudilli*
Finalização: *Mauro Bufano*
1ª Edição: *2023*
Impressão: *Lis Gráfica e Editora*

Esta obra foi editada anteriormente
com o mesmo conteúdo em 3 volumes.

Dados Internacionais de Catalogação na Publicação (CIP)
(Câmara Brasileira do Livro, SP, Brasil)

Salles, Adeilson
  Anjos / Adeilson Salles; ilustrações Rui
Joazeiro -- São Paulo : Intelítera Editora,
2023.

ISBN: 978-65-5679-038-1

1. Espiritismo 2. Literatura infantojuvenil
I. Joazeiro, Rui. II. Título.

15-05735   CDD-028.5

Índices para catálogo sistemático:

1. Espiritismo : Literatura infantil 028.5
2. Espiritismo : Literatura infantojuvenil 028.5

Intelítera Editora
Rua Lucrécia Maciel, 39 - Vila Guarani
CEP 04314-130 - São Paulo - SP
11 2369-5377 - intelitera.com.br - facebook.com/intelitera

Para receber informações sobre nossos lançamentos, títulos e autores, bem como enviar seus comentários, utilize nossas mídias:

intelitera.com.br

@ atendimento@intelitera.com.br

▶ intelitera

◎ intelitera

f intelitera

▶ Adeilson Salles

◎ adeilsonsallesescritor

f adeilson.salles.94

Esta edição foi impressa pela Lis Gráfica e Editora no formato 155 x 230mm. Os papéis utilizados foram o papel Off Set 75g/m² para o miolo e o papel Cartão Supremo 250g/m² para a capa. O texto principal foi composto com a fonte Osaka-Sans Serif 32/35 e os títulos com a fonte Cinzel 20/24.